KB212392

공사당
선언

고사당

마르크스의 안경을 빌려드립니다

선언

오준호 지음

이매진

## 공산당 선언
### 마르크스의 안경을 빌려드립니다

**1판 1쇄** 2015년 1월 23일 **2판 1쇄** 2015년 2월 27일
**지은이** 오준호 **펴낸이** 정철수 **펴낸곳** 이매진
**등록** 2003년 5월 14일 제313-2003-0183호
**주소** 서울시 마포구 월드컵로 204, 1206호(성산동)
**전화** 02-3141-1917 **팩스** 02-3141-0917
**이메일** imaginepub@naver.com **블로그** blog.naver.com/imaginepub
**ISBN** 979-11-5531-059-5 (03300)

ⓒ 오준호, 2015

- 이매진이 저작권자와 독점 계약을 맺어 출간한 책입니다. 무단 전재와 복제를 할 수 없습니다.
- 환경을 생각해서 재생 종이로 만들고, 콩기름 잉크로 찍은 책입니다. 표지 종이는 앙코르 190그램이고, 본문 종이는 그린라이트 70그램입니다.
- 값은 뒤표지에 있습니다.
- 이 도서의 국립중앙도서관 출판도서목록(CIP)은 서지정보유통지원시스템 홈페이지(http://seoji.nl.go.kr)와 국가자료공동목록시스템(http://www.nl.go.kr/kolisnet)에서 이용하실 수 있습니다. (CIP제어번호: CIP2014032571)

## 2장 프롤레타리아와 공산주의자들

# 마르크스의 안경을
# 빌려드립니다

20년 전 풋풋한 대학 새내기 때, 나는 몇 번이나 '멘붕'을 겪었다. 보수적인 고장에서 틀에 박힌 교육을 받고 자란 내게 대학은 모든 게 다 신기했다. 그중에서도 세 가지는 지금도 그 충격이 생생하다. 첫 사건은 과 학생회실에 들어선 첫날 탁자 위에 놓인 '장독 뚜껑'의 용도를 알게 된 일이다. 나는 처음에 '아, 국문과라서 전통을 소중히 여기느라 저렇게 장독 뚜껑을 감상하는 건다 보다'고 생각했다. 그러나 선배들이 하나둘 모이더니 담배를 피우면서 거기에 재를 떠는 게 아닌가? 물건의 정체는 재떨이였다. 지금처럼 학교 건물이 다 금연 구역이 된 시대에는 상상도 할 수 없는 일이다.

둘째 사건은 대학 생활을 시작한 지 한 달 뒤 열린 '쌀 개방 반대 집회'였다. 선배들 꼬임에 넘어가 생전 처음 '데모'라는 걸 나갔다. 학교가 있는 관악산 언저리에서 여의도광장까지 학생 수천 명이 행진했고, 가는 길에 다른 대학에서 온 수천 명이 더해졌다. 여의도광장에 도착하니 농민, 노동자, 학생이 만든 사람과 깃발의 바다가 물결쳤다. '이런 게 민중의 힘이구나' 했고, 세상이 곧 뒤엎어지기라도 할 것 같은 느낌을 받았다. 그런데 다음 날,

유명한 보수 언론사 신문 1면에 행진하던 집회 참가자들의 사진이 크게 나왔다. 하필 그게 우리 과 학생들이었다. 한눈에도 얼굴을 알아볼 수 있던 친구 몇 명은 그길로 부모님에게 붙잡혀 군대에 끌려갔다. 나도 부모님의 '심문'을 받았지만 다행히 사진에는 나오지 않아 발뺌할 수 있었다.

셋째는 바로 이 책, 《공산당 선언》을 만난 일이다. 그때는 대학에 자발적인 학회와 세미나 문화가 있었다. 과 학회 선배들이 이 책을 세미나 '필독서'로 선정해 새내기들에게 읽으라고 했다. 칼 마르크스에 관해 아는 건 공산주의자라는 것이고, 공산주의에 관해 아는 건 북한이 공산주의란 것이고(칼 마르크스의 사상과 가장 거리가 먼 사회가 북한이라는 사실을 나중에 알았지만), 북한에 관해서는 상종 못할 집단이라는 정도로 생각하던 내게 어찌 이런 무시무시한 책을! 그 시절 학생들은 책 표지를 신문지나 포장지로 쌌는데, 책을 깨끗하게 보려는 이유보다는 사회과학 서적이 종종 국가보안법에 걸렸기 때문이다. 《공산당 선언》은 특히 표지를 가려야 할 책이었다. 선배들은 정보과 형사들이 감시할지 모른다고 겁을 줬지만, 나는 그것보다 버스나 지하철에서 이 책을 들고 있으면 평범한 시민들이 놀라지 않을까 걱정이 될 정도였다.

그러나 나를 놀라게 한 건 책 '표지'보다 '내용'이었다. 첫 문장부터 머리를 쾅 쳤다. "지금까지 모든 역사는 계급 투쟁의 역사"라니. 그 문장에 동의하느냐 마느냐에 앞서 충격이었다. 내가 배운 고등학교 교과서에 따르면, 노동자(교과서에서는 '근로자')는 '노동'을 제공하고 기업가는 '자본'을 제공하고 토지 소유자는 '토지'를 제공해 서로 '협력'하고 '조화'하는 사이에 사회는 돌아간다. 그런데 세상은 부르주아 계급과 프롤레타리아트 계급으로 갈라져 투쟁하고 있으며 심지어 그게 역사의 실체라니, 돌직구도 이런 돌직구가 없었다. 세상을 바라보는 '180도 다른 관점'을 접한 충격이 하도 커서 다른 내용은 눈에 잘 들어오지도 않았다. 내 지적 수준이 책 전체를 이해할 정도가 되지 못하기도 했지만.

그 충격의 정체를 이해하려고 머리를 끙끙 싸매고 마르크스를 읽었다. 《공산당 선언》, 《독일 이데올로기》, 《프랑스 혁명사 3부작》, 《자본론》……. 마르크스의 저작에 이어 자본주의 형성의 역사, 사회주의 혁명가들의 이야기, 중요한 논쟁에 얽힌 역사 등도 읽었다. 역사 배경과 논쟁의 맥락을 이해하니 그렇게 어렵던 마르크스라는 실타래가 조금씩 풀리기 시작했다. 새내기 때 마르크스는 그 180도 다른 관점으로 나를 '멘붕'시켰지만, 이제 마르크스는 내가 이 세상을 주체적으로 바라보는 데 꼭 필요한 '안경'이 됐다.

거리를 뒹구는 나뭇잎들이 소용돌이치며 날아오르는 장면을 본 적 있는지. 나뭇잎 스스로 춤을 추는 게 아니다. 눈에 보이지 않는 바람이 그 일을 한다. 우리가 살아가는 사회에서 어지럽게 벌어지는 온갖 현상과 사건들 아래에는 도대체 어떤 보이지 않는 '힘'이 있는 걸까? 바람의 방향은 풍향계로 알 수 있지만, 사회의 이면에 자리한 힘은 어떻게 알 수 있을까? 어떤 교과서도, 어떤 주류 미디어도 이 힘에 관해 말하지 않는다. '멘토'로 대접받는 유명한 종교인, 기업가, 정치인도 입을 닫는다. 자본주의 사회에 살면서 아무도 자본주의를 말하지 않는 역설. 그렇다면 우리 스스로 의문을 던져야 한다. 저 정치인이 '국익'을 말할 때, 그 뒤에 다른 동기는 없을까? '자유 경쟁'을 강조하는 저 기업가들은 어째서 노동자의 파업은 자유롭게 두지 않고 다른 기업가들이랑 똘똘 뭉쳐 한목소리로 비판하는 걸까? 마르크스라는 안경은 자본주의 사회에서 무심코 지나친 현상들의 배

후를 보게 만든다. 마르크스라는 안경을 쓰면 그동안 '원래 그렇지 뭐' 하고 넘어가던 사건들을 둘러싼 질문들이 솟구친다.

그 안경이 편하다는 얘기는 아니다. 듣지도 말하지도 보지도 못하는 삼중 장애인이자 사회주의 운동가인 헬렌 켈러는 말했다. "사람들은 생각하기를 싫어한다. 생각하면 결론을 얻게 되는데, 그 결론이 늘 유쾌한 것은 아니기 때문이다." 맞다. 나는 마르크스를 알고 나서 훨씬 '불편하게' 살게 됐다. 정부와 기업과 언론의 말에 고개 끄덕이던 '순박한' 나는 어디로 가고 질문하고 비판하고 생각하는 머리 아픈 삶을 살게 됐기 때문이다. 그런데도 나는 그 안경을 선택한 일을 후회하지 않는다. 이 자본주의 사회에서 그 선택은 '자본의 노예'가 아니라 주체적인 인간으로 살아가는 데 꼭 필요하기 때문이다.

어떤 사람들은 "이미 사회주의 국가들은 망했는데, 그런 낡은 사상을 뭐하러 읽어?"라고 비아냥대기도 한다. 낡기로 치면 플라톤이나 공자, 예수의 사상은 더하지 않을까? 오늘날 플라톤의 철인哲人 국가론을 받아들이는 나라는 없고, 예수의 가르침을 받드는 '기독교 국가'도 없으며(그렇다고 중세 기독교 국가들이 예수의 가르침을 잘 받들지도 않았다. 이 나라들은 왼뺨을 맞고 오른뺨을 내주기는커녕 돈에 눈이 멀어 죄 없는 이슬람 국가를 침략하면서 '십자군 원정'이라는 거창한 이름을 붙였다), 유학을 근본 원리로 삼은 나라도 조선을 끝으로 사라졌다. 그런데도 사람들은 플라톤, 예수, 공자의 사상을 공부하고 삶의 가치관으로 삼기도 한다. 그렇다고 "왜 이미 실패한 사상을 공부해?"라고 묻는 이들이 있을까? 희한하게 마르크스에게 이런 치우친 잣대를 들이댄다. 왜 그럴까? 마르크스의 '불온함'이 여전히 자본주의 사회에 위협이 되고 있기 때문이다. 자본주의를 향한 마르크스의 비판이 여전히 설득력 있기 때문이다.

그래서 칼 마르크스와 프리드리히 엥겔스가 온 힘을 기울여 쓴《공산당 선언》을 소개할 기회가 오자 기쁘게 받아들였다. 이 책에 담긴 마르크스의 생각을 받아들일지, 마르크스라는 안경을 계속 쓸지는 여러분이 선택할 몫이다. 그렇지만 마르크스라는 안경을 쓰지 않는다고 여러분 눈앞에 어떤 렌즈도 없다고 여기지는 말자. 우리는 자기도 모르게 이 사회가 끼워준 렌즈로 세상을 보고 있다. 주체적 인간이 되려면, 그 렌즈를 교정하려고 다른 안경을 고르는 도전도 받아들일 수 있어야 한다.

이 책은 앞부분에《공산당 선언》의 역사적 배경과 마르크스의 삶을 이해할 수 있는 글을 실었다. 마르크스는《공산당 선언》본문을 4장으로 나눴는데, 최대한 잘게 나눠 하나씩 해설을 붙였다. 원문을 조금 소개하고 해설을 붙인 책은 많지만, 이 책처럼 원문을 모두 싣고 쪽마다 해설을 실은 경우는 없다. 이렇게 공을 들인 이유는, 많은 사람이 마르크스의 원문은 제대로 만나지 못한 채 가벼운 해설만 읽고 마르크스를 이해했다고 생각하기 때문이다.

이 책을 읽는 사람들은 먼저 해설에 기대지 말고 원문의 문장 하나, 단락 하나까지 곱씹으며 스스로 공부하기를 바란다. 스스로 질문하면서 원문을 읽은 뒤 해설을 읽으면 저녁 무렵 열어놓은 창으로 들어오는 한 줄기 바람처럼 마르크스의 통찰을 느낄 수 있을 것이다.

《공산당 선언》의 원문은 마르크스주의 인터넷 자료실www.marxists.org에 실린 영문판과 1968년 프로그레스 출판사에서 낸《공산당 선언》영문판을 기초로 하고, 박종철출판사에서 1998년에 낸《공산주의 선언》(김태호 옮김)을 참고했다.

내가 그랬듯 여러분도 《공산당 선언》을 읽으면서 '멘붕'을 겪기를 바란다. 여러분이 지금 읽으려는 책은 '단순한 책'이 아니다. 《공산당 선언》은 출간 뒤 160여 년 동안 인류의 정신에 폭탄 같은 충격을 줬고, 나아가 세계를 바꾼 책이다. 여러분만 해도 《공산당 선언》을 갖고 있다가 잡혀갈까봐 표지를 신문지로 감쌀 필요는 없는 그런 세상에 살고 있지 않는가!

2015년 1월 오준호

1부
-
《공산당 선언》,
어떻게 읽을까

## 논 피니토, 인류가 족쇄를 끊게 만든 책

미켈란젤로의 걸작 다비드 상을 보려면 이탈리아 피렌체 '갈레리아 델 아카데미아' 미술관에 가야 한다. 그 유명한 대리석 조각 다비드 하나만 마음에 품고 온 대부분의 사람들은 전시관으로 이어진 복도를 무심코 지나갈 것이다. 그러나 몇몇은 복도 양옆에 서 있는 몹시 투박하고 거친 조각상 네 점에 눈길이 닿을 테고, 곧 발길을 멈추리라. 다비드를 만든 천재 조각가의 작품이라고 하기에는 너무나 우악스러운, 그저 재미로 만들다 말았나 싶은 논 피니토<sup>Non Finito</sup>, 곧 미완성 작품이다. 이 작품의 이름은 〈노예〉 연작이다.

노예들은 대리석 덩어리에 갇혀 몸부림친다. 한 노예는 제 몸을 꽉 붙잡은 돌을 깨고 나오려 한다. 또 한 노예는 머리로 돌을 떠밀며 몸을 일으키는 중이다. 상처 입은 야수의 울부짖음이 들리고 팽팽하게 부푼 근육이 느껴진다. 자유를 향한 갈망을 이만큼 생생하게 형상화한 작품이 또 있을까. 논 피니토인 까닭도 이해된다. 자유를 추구하는 몸부림은 결코 '완성'될 수 없기 때문이다. 자유는 멈추지 않는다. 낡은 세계를 파괴하고 새로운 세계를 건설한 인간은, 그 세계가 다시 질곡이 될 때 다시 한 번 그 세계를 부수고 나아가야 한다. 이것이 인류가 걸어온 역사고, 칼 마르크스와 프리드리히 엥겔스가 《공산당 선언》《선언》에서 제시한 노동자 계급의 미래다. 마르크스는 이렇게 썼다. "프롤레타리아에게는 족쇄 말고는 공산주의 혁명에서 잃을 게 아무것도 없다. 프롤레타리아<sup>●</sup>에게는 얻어야 할 세계가 있다."

〈노예〉 연작이 르네상스의 한 천재가 인류의 근원적 존재론, 곧 자유를 향한 투쟁을 형상화한 작품이라면 《공산당 선언》은 그런 투쟁이 온갖

미켈란젤로의 〈노예〉 연작.

어려움을 이겨내고 끝내 승리하리라고 확신하는 예언서다. 또한《선언》은 노동자 계급이 해방을 위해 투쟁에 나설 것을 촉구하는 격문이면서, 노동자 계급의 동지이자 '전위(앞서 가는 이들)'인 공산주의자들의 '커밍아웃' 선언이다. 그리고 공산주의자들이 지금 여기에서 어떤 구체적인 정치적 목표를 내걸고 다른 세력들하고 어떤 관계를 맺을지 제시하는 '실천 매뉴얼'이기도 하다. 한마디로《선언》은 공산주의 혁명의 역사적 필연성을 밝히면서 혁명이 성공하려면 무엇을 어떻게 해야 하는지 제안한다.

《선언》은 수억 인류가 '족쇄를 끊고' 새로운 세계로 나오는 데 크게 이바지했다. 마르크스(이 책은 마르크스와 엥겔스가 함께 썼지만, 엥겔스가 인정하듯이 기본 사상은 마르크스에게서 나온 만큼 마르크스만 불러냈다)가《선언》을 쓴 반세기 뒤 독일, 프랑스, 오스트리아, 핀란드 등 유럽 자본주의 국가에서 '마르크스주의'를 신조로 하는 노동자 정당들이 의

● 고대 로마의 '프롤레타리우스'에서 나온 프롤레타리아(ploletaria)는 몸뚱이가 유일한 재산이라 자식을 낳는 것 말고는 국가에 봉사할 길이 없는 최하층민과 무산자를 뜻했다. 19세기에 와서 프롤레타리아가 노동자를 가리키는 말로 쓰이기 시작했다. 1831년 프랑스 리옹의 실크 직공들이 봉기를 일으키자 혁명가 루이 오귀스트 블랑키도 봉기에 뛰어들었다가 체포됐다. 블랑키는 법정에서 판사가 직업을 묻자 "프롤레타리아"라고 대답했다. 판사가 "그건 직업이 아니지 않는가"라고 반박하자 "뭐라고, 직업이 아니라고? 그건 노동으로 살아가고 정치적 권리를 빼앗긴 3000만 프랑스인의 직업이다!"라고 외쳤다. 프롤레타리아트는 프롤레타리아 계급, 곧 현대 노동자 계급을 말한다.

회에 들어갔다. 그리고 집권을 넘보는 강력한 야당으로 자리 잡았다. 20세기 초 1917년에는 제정 러시아에 혁명이 일어나 '노동자·농민·병사 소비에트 공화국'을 표방하는 국가, 소련이 탄생했다. 마르크스주의 또는 사회주의는 중국, 아시아, 아프리카 곳곳에서 신생 독립국의 국가 이념이 됐다. 20세기 중반, 지구 전체의 3분의 1쯤이 '사회주의권'에 속했다. 이 나라들이 마르크스의 이상에 일치했느냐 하면 결과적으로 그렇게 보기는 힘들다. 그러나 억압이 있는 곳에 《선언》이 있었다는 점이 중요하다. 왕조의 지배든 토지 귀족의 지배든 자본가의 지배든 독재 정부의 지배든, 억압과 지배가 있는 곳에서 사람들은 《선언》을 읽었다. 저항의 정당성을 찾았으며, 용기를 얻고 일어나 싸웠다.

《선언》은 정치 문서 중 20세기에 가장 널리 번역되고 가장 빠르게 퍼진 책이 됐다. 일제 강점기 조선의 독립투사들도 《선언》을 읽고 공산주의자가 됐다. 1921년 한 해에 번역본이 세 개나 함께 나왔는데, 그중 한 권의 번역자는 몽양 여운형이다. 이미 현실 사회주의 국가들이 무너진 오늘날에도 《선언》을 찾는 사람들은 끊이지 않고 있다. 인터넷 서점에서 검색하면 한국에도 열 개가 넘는 번역본과 해설본이 팔리고 있다.

《선언》의 열기는 어째서 식지 않을까? 마르크스가 비판한 자본주의 체제의 문제점이 풀리기는커녕 점점 더 극단의 형태로 꼬여가고 있기 때문이다. 한 번도 마르크스주의 정당이 집권한 적 없는 미국에서도 마르크스는 끊임없이 다시 불려 나온다. 2014년 3월 30일 《뉴욕 타임스》는 "마르크스가 옳았을까?Was Marx Right?'라는 제목으로 유명 칼럼니스트와 평론가들이 벌인 논쟁을 실었다. 2차 대전 뒤 자본주의가 안정기이자 황금기에 접어들면서 마르크스는 더는 유효하지 않다고 배척됐지만, 요즘 경제 위기가 닥치자 자본주의에서 실업이 늘어나고 임금이 줄어들며 공황이 주기적으로 반복된다는 마르크스의 분석이 다시 주목받는다고 이 신문은 썼다. 자본주의라는 현실이 '자본주의를 향한 근본적 비판'인 마르크스를 되풀이해 불러내고 있는 셈이다.


## 《선언》으로 정신에 불을 당겨라

어떻게 《선언》을 읽어야 할까? 지난날 《선언》은 눈앞에 다가온 '혁명'을 실행하려는 사람들의 필독서였지만, 오늘날에는 그저 교양의 하나로 집어 드는 사람이 많은 게 사실이다. 잘못된 일은 아니다. 다만 기왕 읽으려면 책에 담긴 의미를 200퍼센트 끌어내면 좋겠다. 물론 이 책만 그렇다는 얘기는 아니다. 소설가 헨리 밀러는 "활활 타오르는 정신의 불꽃에 불이 당겨질 때까지 아직 그 책은 우리에게 죽은 것 같다"고 했다. 그만큼 주체적이고 능동적인 독서가 중요하다는 말이다. 여는 글에서도 말한 대로 많은 사람들이 마르크스의 원문은 콩알만큼 건네고 해설은 수박만큼 던져주는 책만 읽고 마르크스를 읽었다고 생각한다. 이제 이 책에서 《선언》의 원문 전체를 제대로 읽고, 해설의 도움을 받아 충분히 생각하기를 바란다.

그런 사람들을 위해 이 책을 읽을 때 주의해야 할 점 세 가지를 제안하려 한다. 첫째, '마르크스의 사고 방법과 사고 과정'을 눈여겨보자. 결론만 중요한 게 아니다(결론은 '혁명을 일으키자'로 요약된다고 해도 지나치지 않다). 마르크스는 결론에 이르기 위해 '부르주아 사회'가 어디서 등장하고 어떤 모순을 품고 있는지 분석한다. 마술사가 미녀의 몸을 톱으로 자르고 있는 무대 뒤로 돌아가 "봐, 저런 속임수가 있었어!"라고 소리치는

'악동'처럼, 마르크스는 자본주의의 '현상'을 '본질'로 믿고 있는 우리의 의식을 흔든다.

여러분이 최신형 스마트폰을 샀다고 하자. 스마트폰에 딸려온 사용 설명서에는 갖가지 기능이 깨알같이 적혀 있다. 스마트폰을 광고하는 시에프는 그 기계 덕분에 내가 더 매력적이고 능률적인 사람이 될 수 있다는, 그러므로 값이 전혀 비싸지 않다는 생각마저 불러일으킨다. 그런데 마르크스는 사용 설명서와 시에프만 보고서 스마트폰을 다 안다고 생각하는 우리에게 이렇게 묻는다. 왜 스마트폰은 조선 시대가 아니라 지금 만들어질 수 있었을까? 다시 말해 스마트폰이 등장할 수 있는 역사적 조건은 무엇일까? 왜 이 스마트폰은 다른 가격이 아닌 그 '가격'으로 거래될까? 이 스마트폰을 하루 수백 개씩 조립하는 중국 노동자는 왜 스마트폰 하나를 사는 데도 턱없이 모자라는 월급을 받을까? 마르크스는 이런 날카로운 질문을 던지며 자본주의의 실체를 파고든다. 《선언》에서 가장 염두해야 할 게 바로 마르크스의 이런 방법이다.

둘째, 우리는 이 책을 '역사적 문헌'으로 읽어야 한다. 오늘날을 기준으로 이것저것 꼬투리를 잡는 사람들이 많다. "마르크스는 이걸 예상하지 못했어" 또는 "마르크스의 예언은 이래서 틀렸어"라는 식이다. 마르크스의 예언은 맞았다고 할 수도 있고 틀렸다고 할 수도 있다. 마르크스가 세상을 떠난 뒤 세계 곳곳에 사회주의 국가가 생겨난 것도 사실이고 무너진 것도 사실이기 때문이다. 자본주의 체제가 위기에 몰린 것도, 어느 정도 위기를 극복한 것도 맞다. 그럼 좀더 먼 미래에 자본주의는 어떻게 될까? 아무도 알 수 없다. 지금 이때를 기준으로 마르크스가 100퍼센트 옳았느냐 아니면 100퍼센트 틀렸느냐 하는 논쟁은 의미 없다. 우리가 기억해야 할 것은 《선언》은 그 시대의 정치 현실에 개입하려고 쓴 책이라는 사실이다.

마르크스나 엥겔스는 자기가 사는 현실을 뛰어넘어 천년만년 영원한 신줏단지 같은 이론을 만드는 데 별 관심이 없었다. 두 사람은 떠오르는 부르주아● 사회가 어떻게 만들어져 움직이는지 분석했고, 그 분석을 바탕으로 노동자들 스스로 현실을 '극복'하고 새 현실을 '창조'할 수 있게 뚜렷한 확신을 주려 했다. 노동자들이 젖어 있는 전통 사상, 종교 관념, 행동을 가로막는 교리들을 단호하게 반박해야 했다. 그 과정에서 마르크스의 주장에 과장이 섞이기도 했다. 《선언》을 역사적 문헌으로 읽는다는 의미는, 마르크스의 주장이 맞다 틀렸다 다투기보다 먼저 그런 말을 한 이유를 잘 살펴보자는 것이다. 마르크스의 견해를 시대 상황과 사회적 맥락 속에서 함께 이해하고, 의도와 목적이 무엇인지 핵심을 찾아내야 한다.

셋째, 우리는 《선언》을 '현재적 문헌'으로 읽어야 한다. 마르크스의 문제의식을 우리가 사는 현실에 불러내어 적용하며 읽자는 말이다. 《선언》은 근대 자본주의가 막 지배의 꼴을 갖추는 시대에 쓰였는데, 우리는 이미 전 지구가 자본주의 안에 들어온 시대, 일상의 모든 영역에 화폐와 시장의 논리가 파고든 시대에 살고 있다. 마르크스와 19세기 사상가들에게 자본주의는 오직 하나뿐인 미래가 아니라 인류가 고를 수 있는 여러 길 중 하나였다. 그러나 우리는 자본주의 말고 다른 세상을 상상도 못하고 산다.

---

● 부르주아(bourgeois)의 어원은 부르거(burgher)로, '도시 주민' 또는 '시민'이라는 뜻이다. 중세에는 영주가 다스리는 장원(莊園)이 기본 생산 단위이자 인민을 통치 단위였다. 사람들은 대부분 장원의 농노(農奴)로 살아가야 했다. 한편 도시에는 상인과 수공업자들이 주로 살았으며, 장원에 견주면 어느 정도 자유를 누릴 수 있었다. 몇몇 도시 주민은 부를 쌓거나 의술, 법률, 출판 분야 전문가가 됐다. 이 사람들이 근대 부르주아의 기원이다. 부르주아지는 부르주아 또는 부르주아 계급이라는 뜻이다. 근대 부르주아지가 모두 자본가나 고용주는 아니지만, 이해관계가 똑같다는 점에서 같은 계급이다.

마르크스는 자본주의를 '관찰'했지만 우리는 자본주의를 '호흡'한다. 이런 차이 때문에 우리는 자본주의를 객관적으로 보기 어렵다. 몸이 아프면 식중독이 아닐까 자기가 먹은 음식을 의심하면서, 정작 인생이 꼬이고 고통스러울 때 사람들은 그저 자책하고 만다. 내가 게을러서, 내가 무능력해서, 내가 소극적이어서 그렇다고 여겨 자기계발서를 읽고 상처를 혼자 '힐링'하려 든다. 마르크스는 우리가 겪는 문제의 근본 원인이 자본주의에 있다고 말한다. 소수가 부와 권력을 쥐고 절대다수를 소외와 불안과 궁핍으로 내모는 체제가 자본주의다.

구호 단체 옥스팜에 따르면, 2014년 현재 세계 최고 부자 85명이 가진 부는 70억 인구 절반이 가진 재산보다 많다. 그 85명에 견주면 우리 같은 사람들은 "박테리아처럼 하찮은" 존재라서 이런 결과가 나오는 걸까? 이런 부의 양극화와 불평등은 왜 점점 더 심해지기만 할까? 이런 의문에 관해 마르크스는 자본주의가 만들어진 역사적 과정을 밝히면서, 자본의 본질은 "타인의 노동을 자신에게 예속시키는 힘"이라고, 자본주의는 소수가 어마어마한 부를 가지려 "압도적 다수의 무소유"를 강요하는 체제라고 말한다. 우리가 무능해서 불평등해진 게 아니라, 불평등한 관계 때문에 능력을 발휘하고 싶어도 발휘할 수 없다는 거다. 우리는 이런 마르크스의 통찰력을 배워야 한다. 스스로 마르크스주의자인 적이 한 번도 없었다고 말하는 프랑스의 철학자 자크 데리다는 그런데도 "마르크스 없이는, 마르크스의 기억과 유산 없이는 미래는 없다"*라고 강조했다.

《선언》을 '현재적 문헌'으로 읽는 일은 자본주의의 본질을 파악하는 데에서 멈추지 않는다. 이 책은 우리에게 끊임없이 묻는다. 소수가 풍요롭게 살려고 다수를 궁핍하고 불안하게 만드는 이 체제는 정의로운가? 돈을 벌려고 자연을 파괴하고 사람 목숨이 달린 안전 규제를 무시하며 필요하다면 전쟁까지 서슴지 않는 이 체제는 계속 유지돼야 하는가? 자본주의는 혹시 침몰하는 배가 아닐까? 침몰하는 사이에도 배 위에 객실을 자꾸 지어 올려 가라앉고 있다는 사실을 숨기고 있다면? 그럼 우리는 이 자본주의를 탈출해 다른 사회로 나아갈 수 있을까? 만약 그럴 수 있다면 그 사회는 어떤 모습이어야 하고, 그 일은 누가 해야 할까?

질문을 던지고 대답을 찾아야 한다. 주체적인 인간으로 살려면 그렇게 해야 한다. 대리석에 파묻혀 그곳이 세계의 전부라 여기는 노예가 되지 말아야 한다. 그런 상태야말로 정부와 자본과 주류 미디어가 바라는 것이다. 독일의 여성 혁명가 로자 룩셈부르크는 말했다. "가만히 있으면 발목의 사슬이 철렁거리는 소리도 듣지 못할 테지." 노예인 줄도 모르는 노예는 비극일 뿐이다. 미켈란젤로의 조각상처럼 살이 짓무르고 뼈가 부러지는 아픔을 겪을지언정 돌에서 탈출하려 애쓰는 '자유인'이 돼야 한다.

## 청년 마르크스, 혁명을 하기로 작정하다

칼 마르크스는 어떤 사람이었을까? 철학자, 저널리스트, 정치 평론가, 저술가, 노동운동 지도자 같은 여러 직업과 활동을 거쳤지만, 마르크스의 삶을 한마디로 말하면 공산주의 혁명가였다. 마르크스는 개인이 누릴 수 있는 많은 것을 포기하고 평생을 혁명 운동에 바쳤다. 마르크스는 또 상상

---

● 자크 데리다 지음, 양운덕 옮김, 《마르크스의 유령들》, 한뜻, 1996.

을 뛰어넘는 공부벌레였다. 얼마나 공부에 미쳤으면 가장 좋아하는 일이 '책에 파묻히기'라고 했을까. 이론이나 실천에서 어려운 문제에 부딪칠 때마다 마르크스는 그 분야의 책이라는 책을 죄다 읽으며 발췌하고 주석 달고 비평하면서 관점을 세웠다. 이미 뛰어난 천재였는데도 완벽하지 않으면 못 견디는 사람이었다. 마르크스는 많은 글을 썼지만, 자기가 세운 계획만큼 쓰지는 못했다. 《자본》도 2권과 3권은 결국 마르크스가 세상을 떠난 뒤 엥겔스가 남은 원고를 정리해서 냈을 정도다. 완벽에 향한 집착을 좀 누그러뜨렸다면 마르크스는 훨씬 더 많은 책을 썼을지도 모른다.

마르크스는 1818년 5월 5일 독일 라인 주 트리어에서 유대인 출신 부르주아 가정의 셋째 아들로 태어났다. 열일곱 살인 1835년 본 대학교에 들어갔는데, 낮에는 인문학 교양 과목을 듣고 밤에는 '음주 클럽' 멤버로 술집을 전전했다. 1836년 베를린 대학교로 옮긴 뒤 아버지의 뜻에 따라 법학을 전공하기는 했지만 관심은 온통 철학에 있었다. 독일 철학계의 '지존'인 게오르크 빌헬름 프리드리히 헤겔의 철학에 빠져든 마르크스는 베를린 대학교 신학 강사인 브루노 바우어가 이끄는 청년헤겔파에 가담했다. 청년헤겔파는 헤겔주의의 좌파를 자임하는 진보적이고 반체제적인 지식인 청년 그룹이었다. 이 그룹은 독일이 영국이나 프랑스처럼 정치와 경제를 개혁하지 못하는 현실을 비판하고, 보수 성향을 띤 교회가 지닌 영향력 때문에 그런 현실이 나타난다고 생각했다. 그래서 기독교에 맞서 대결하려 했다. 브루노 바우어는 예수가 실존 인물이 아니라고 주장했고, 또 다른 '좌파' 철학자 루트비히 포이어바흐는 종교란 인간의 욕구를 반영해 만든 가공물에 지나지 않는다고 주장했다.

대학을 마친 마르크스는 교수가 되고 싶었다. 그렇지만 무신론에 기운 청년헤겔파를 고깝게 본 프로이센 전제 군주정이 바우어를 교수 자리에서 내쫓았고, 덩달아 마르크스도 강단에 설 기회가 사라져버렸다. 프로이센이 조금 더 열린 국가였다면 마르크스는 혁명가가 아니라 학자나 교수의 길로 들어서 천재성을 뽐내며 잘 먹고 잘 살았을지 모른다. 마르크스의 아직 덜 성숙한 사상을 국가는 억압했고, 이런 억압을 받은 마르크스는 곧 공산주의라는 훨씬 무서운 혁명 사상을 키우게 된다.

프로이센 정부에 저항하는 수단으로 마르크스는 자연스럽게 저널리즘을 선택했다. 독일의 자유주의 부르주아지가 만든 《라인 신문》에 글을 쓰기 시작한 마르크스는 곧 두각을 나타내 1842년 가을에 편집장으로 스카우트됐다. 처음에는 검열 제도를 비롯한 프로이센 정부의 반자유주의 정책을 향해 날카로운 펜을 휘두르던 마르크스는 농민들이 겪는 비참한 곤궁과 무권리 상태를 기사로 쓰던 중 문제의 배경을 파악하려면 정치경제학을 공부해야 한다는 점을 깨달았다. 또 자기가 몸담은 신문을 보수파들이 '사회주의'라고 비난하자 그때까지는 잘 모르던 사회주의도 공부하기로 마음을 먹었다.

프로이센 정부가 결국 《라인 신문》을 폐간시키자 마르크스는 프랑스 파리로 갔다. 결혼한 지 얼마 안 된 네 살 연상의 아내 예니(결혼 전 이름 예니 폰 베스트팔렌)도 함께 갔는데, 귀족 출신인 예니는 이때부터 평생토록 고생이란 고생은 다 겪으며 산다. 마르크스는 파리에서 정치경제학과 사회주의 연구에 몰두하는 한편 헤겔주의 좌파인 아르놀트 루게를 만나 진보적 잡지 《독일-프랑스 연보》를 만든다. 그때 유럽 여러 나라에는 독일인 망명자들이 많았다. 탄압을 피해 나온 자유주의 지식인도 있고, 수공업 기술을 배우러 떠돌다 주저앉은 노동자도 있었다. 이 망명자 집단들은 이런저런 반정부 신문이나 잡지를 만들어 독일 안으로 들여보내려 했다. 《독일-프랑스 연보》도 독일로 들여보내려 했지만, 프로이센 정부에 몽땅 빼앗겨 한 번 나온 뒤 끝나버렸다.

이때 마르크스는 이론을 탐구하며 조금씩 공산주의 사상에 다가가는 중이었다. 1843년에서 1844년에 걸쳐 파리에서 마르크스는 《헤겔 법철학의 비판을 위하여 서설序說》과 《경제학 철학 초고》 등을 썼다. 《헤겔 법철학의 비판을 위하여 서설》(《독일-프랑스 연보》에 실린 이 글은 잡지가 폐간된 뒤 본문을 미완성 원고로 남긴 채 끝맺지 못했다)은 법과 국가를 이성의 완성된 형태로 보는 헤겔을 비판하고, 독일에서 혁명이 일어날 가능성을 살펴본 뒤 혁명의 주체로 '프롤레타리아트'에 주목하는 내용이다. 이 저작에는 "종교는 인민의 아편"이라는 유명한 말이 나온다. 인민은 현실의 고통을 그저 잠시 잊으려고 종교를 찾기 때문에 청년헤겔파처럼 '종교 비판'에만 머물러 있을 게 아니라 현실의 고통을 불러일으키는 국가, 정치, 경제에 관한 비판으로 나아가야 한다고 마르크스는 주장한다.

《경제학-철학 초고》에서 마르크스는 여러 정치경제학 이론을 비판한 뒤 자본주의 소유 관계에서 '노동의 소외'는 필연이라는 점을 철학적으로 밝힌다. 노동자는 상품을 생산하지만 그 상품은 이미 자본가의 소유가 돼 자기 자신에게서 '소외'돼 버린다. 노동자가 생산을 더 열심히 할수록 자본가의 재산은 늘어나고 자본가의 권력은 더 강력해지며, 상대적으로 노동자는 왜소해진다. 어느 아르바이트 대학생의 말을 들어보자. "호텔 예식장에서 아르바이트를 할 때 한 개 7만 원짜리 스테이크를 하루 200개 구웠다. 하루 12시간 일했는데도 내가 구운 스테이크 하나를 사 먹을 돈이 되지 않았다."*

마르크스는 노동자들이 놓인 현실을 잘 안다고 할 수 없었다. 영국에서 활짝 꽃피고 있는 산업 자본주의가 유럽 대륙에서는 아직 시작 단계였기 때문이다. 이런 마르크스에게 도움을 준 사람이 마르크스보다 두 살 어린 스물네 살의 청년 프리드리히 엥겔스였다. 엥겔스는 마르크스가 《라인 신문》 편집장일 때 글을 몇 번 쓴 인연이 있었다. 엥겔스는 독일과 영국에서 방직 공장을 경영하는 사업가의 아들이면서, 영국을 여행한 뒤 《잉글랜드 노동계급의 처지》●●라는 뛰어난 르포를 써낸 패기만만한 청년이었다. 1844년에 다시 만난 마르크스와 엥겔스는 여러 날 함께 먹고 자면서 의기투합했고, 그 뒤 두 사람은 평생토록 혁명 운동의 동지가 된다. 엥겔스는 자기가 보고 겪은 영국 산업혁명과 노동자들의 처지를 마르크스에게 생생하게 들려줬다.

마르크스가 독보적인 천재에 고집불통 완벽주의자라면, 엥겔스는 스마트한 교양인이자 능수능란한 문제 해결사였다. 1845년 프로이센 정부가 프랑스 정부에 압력을 넣어 파리에서 추방된 마르크스는 벨기에 브뤼셀로 갔고, 둘은 브뤼셀에서 1845년에서 1846년 사이에 《독일 이데올로기》를 함께 쓰며 생각을 하나로 가다듬기 시작했다. 《독일 이데올로기》는 제목처럼 그때 독일에 유행하던 여러 사상에 도전해 논파하는 내용인데, 독일 혁명을 위해 꼭 필요한 작업이었다. 마르크스와 엥겔스는 헤겔, 청년 헤겔파, 독일의 '진정한 사회주의' 등을 겨냥했는데, 그중 주요 목표는 '진정한 사회주의'였다. 독일 혁명을 바라는 반정부 지식인과 노동자들 사이

---

● 〈"금융자본 점령하라" 대학생 20여명 텐트 시위〉, 《경향신문》 2011년 12월 11일.
●● 엥겔스는 이 글에서 영국의 산업혁명, 소수의 생산 수단 독점, 공업 프롤레타리아트의 발생과 발전을 분석했다.

에 이 사상의 영향력이 커지고 있었기 때문이다. 마르크스와 엥겔스는 비판 작업을 함께 거치면서 핵심 사상인 '역사 유물론'을 정립하고, 공산주의 혁명의 필연성과 당위성을 확신하게 된다.

영화 〈매트릭스〉에서 주인공 네오가 가상현실 '매트릭스' 이면에 존재하는 진실을 발견한 것처럼, 자기 시대의 배후에서 역사가 어떻게 움직이는지 파악한 마르크스와 엥겔스는 머뭇거릴 게 없었다. 20대 중반의 나이, 그 시대의 부르주아 출신 지식인들은 이 나이면 사업가든 전문 지식인이든 자리를 잡기 마련이었다. 두 사람은 본격적인 혁명 운동에 뛰어들었다.

먼저 마르크스는 생각이 어슷비슷한 동지들부터 모았다. 모인 사람들은 여러 나라 공산주의자들끼리 소통하자는 취지로 '공산주의자 통신위원회'를 만들어 영국(런던), 벨기에(브뤼셀), 프랑스(파리)에 통신원을 뒀다. 전화도 인터넷도 없는 시대니 통신 수단은 당연히 우편이었다. 편지로 여러 나라 사정을 들은 뒤 쟁점을 토론하고 행동을 호소하는 방식이었다.

마르크스는 온화한 인덕으로 사람들을 모으는 스타일은 아니었다. 이를테면 프랑스의 명망 높은 사회주의자 조제프 프루동을 끌어들이려다가 노선과 활동 방식의 차이로 실패하고 말았는데, 그 뒤 프루동이 쓴 《빈곤의 철학》에 맞대응하려고 《철학의 빈곤》이라는 책을 쓰기도 했다. 마르크스의 캐릭터는 평생에 걸쳐 '싸움꾼'이었다. 딸들이 아버지를 불러 '고백놀이'를 하자며 "당신이 생각하는 행복이란?" 하고 묻자 마르크스는 망설임 없이 "싸우는 것"이라고 답했다. 그렇지만 마르크스는 아이들을 목마태우고 놀기를 좋아한 자상한 아버지이기도 했다.

유럽의 정세는 혁명을 부르고 있었다. 낡은 운동을 밀어낼 새로운 운동이 필요했다. 아부나 겸손보다 단절하는 용기를 지닌 싸움꾼이 필요한 시대였고, 마르크스보다 그 일에 제격인 사람은 없었다. 그때 '의인 동맹'이라는, 독일인 망명 노동자들의 비밀 결사가 파리를 중심으로 활동하고 있었다. 독일인 재단사 바이틀링이 이 단체의 지도자였다. 일차적으로 독일 혁명을 목표로 하고 궁극적으로는 인류 해방을 추구한 이 단체는 한때 '배신자는 죽인다'는 내부 규율이 있을 만큼 과격했지만 사상은 모호했다. 의인 동맹은 무모한 봉기와 폭동을 시도하다 프랑스와 독일에서 모두 큰 탄압을 받았고, 노동자 대중의 숫자가 늘어나는 현상에 발맞춰 조직과 이념을 재편해야 할 상황에 부딪쳤다. 그러나 바이틀링이 여전히 봉기와 폭동의 방식을 좋아한 탓에 내부 반대파가 늘어났다. 결국 반바이틀링파가 따로 모였는데, 처음에는 '진정한 사회주의'를 대안으로 생각했다.

마르크스와 엥겔스는 이 조직에 개입해 노선을 바꾸기로 했다. 바이틀링파와 반바이틀링파의 노선 다툼이 심해지는 동안 두 사람은 의인 동맹 안에 지지자를 확보해갔고, 마침내 반바이틀링파와 마르크스와 엥겔스는 서로 협력해 조직을 완전히 개편하기로 결의했다. 진정한 사회주의 대신 공산주의를 조직 이념으로 채택하기로 했고, 마르크스와 엥겔스도 의인 동맹에 가입했다. 의인 동맹은 1847년 6월에 대회를 열어 '공산주의자 동맹'으로 재탄생했다. 공산주의자 동맹은 의인 동맹 시절에 쓴 "모든 사람은 형제다"를 버리고 "만국의 노동자여 단결하라!"를 슬로건으로 삼았다.

동맹의 강령이 될 문서는 당연하게도 마르크스와 엥겔스가 쓰게 됐다. 이미 엥겔스는 〈공산주의의 원칙들〉이라는 문서를 써 동맹이 내걸 신조를 어느 정도 정리했다. 그렇지만 '공산주의란 무엇인가?'라고 묻고 '공산주의란 무엇이다'라고 답하는 문답형 글이라 종교적 비밀 결사 같은 냄새가 많이 난다는 이유로 다시 쓰기로 했다. 새로운 문서는 동맹의 신조

《공산당 선언》 초판 표지

를 역사적 이론 체계에 결합해 명확히 밝히기로 했고, 진정한 사회주의를 비롯한 동맹 안의 경쟁 분파들에 관한 비판도 넣기로 했다. 그렇게 탄생한 책이 《공산당 선언》이다. 마르크스는 1847년 말부터 1848년 1월까지 어마어마한 양의 시가를 태워 날리면서 이 역사적인 책을 썼다.

《선언》은 벨기에에서 독일어로 쓴 뒤 영국으로 건너가 런던에 있는 출판사에서 인쇄됐다. 1848년 2월에 처음 나올 때는 쓴 사람 이름이 없었다. 이 소책자는 마르크스 개인의 이론서가 아니라 '공산주의자 동맹'이라는 새로운 정치 세력의 강령이었기 때문이다. 동맹의 지도부는 어떤 식이든 글의 내용을 함께 가다듬었을 것이다.

《선언》은 성경만큼 많은 언어로 번역됐다. 마르크스와 엥겔스가 살아 있을 때는 판이 바뀌고 번역본이 새로 나올 때마다 '서문'을 새로 썼다. 새 서문을 쓰면서 두 사람은 역사적으로 변화된 상황에서 《선언》이 지니는 의미가 무엇인지 확인했다. 1888년 영어판 서문을 쓴 엥겔스는 기술과 공업의 발전, 프롤레타리아트 조직의 확대, 파리 코뮌 등 정치적 격변을 예로 들면서 《선언》에 나오는 구체적인 요구나 강령에서 낡은 곳이 생겼다고 인정했다. 그러나 "개진된 일반적인 원칙은 오늘날에도 여전히 완전히 정당하다"고 쓰기도 했다. 이 책에서는 서문은 따로 옮기지 않았지만, 《선언》이 역사적 문헌이라는 점은 여러 서문에 깃든 두 사람의 인식을 봐도 잘 알 수 있다.

## 마르크스의 시대가 마르크스를 만들다

마르크스와 엥겔스의 사상은 하늘에서 뚝 떨어진 것일 수 없다. 당연하게 도 시대 배경의 산물이다. 19세기 유럽은 역사상 전례 없는 격동기를 맞고 있었다. 20세기의 위대한 역사학자 에릭 홉스봄이 '이중 혁명'이라고 부른 두 개의 쓰나미가 세상을 휩쓸고 있었다. 하나는 18세기 영국에서 시작된 산업혁명이요, 또 하나는 1789년에 폭발한 프랑스 대혁명을 비롯해 잇달 은 사회 혁명이었다.

산업혁명은 수천 년 동안 인간의 근육과 가축의 힘에 기대던 생산 방 식을 기계의 힘을 이용하는 방식으로 바꿔버렸다. 산업혁명이라고 하면 빽빽하게 들어선 공장과 시커먼 굴뚝 연기가 떠오르지만, 유럽에서 그런 풍경은 마르크스가 《선언》을 쓴 뒤에도 한참 지난 19세기 후반에야 일상 이 됐다. 그러나 영국이 시작한 기계 공업은 굉음을 내며 세상을 바꾸어갔 다. 석탄 생산지와 공업 단지를 연결하려고 놓은 철로는 곧 사방팔방으로 퍼져 나갔다. 철로가 바다를 만나면 증기선이 나타나 대양을 건넜다. 시 골의 자그마한 시장들이 거미줄처럼 이어지면서 유럽을 커다란 하나의 시 장으로 만들었다. 시장에는 전보다 수십 배나 많은 상품들이 빠른 속도로 쏟아져 나왔다. 산업혁명을 이끈 영국은 빠르게 부를 쌓았고, 다른 나라들 은 이런 영국을 따라잡으려고 앞다퉈 기계 공업을 들여왔다.

기계 공업은 사회의 물질적 외관뿐 아니라 내용도 혁명적으로 바꿨다. 봉건 영주와 기사, 수공업 장인과 농노로 구성된 사회는 지는 해처럼 역사 의 서쪽 언덕으로 사라졌다. 공업 자본가들이 경제와 정치 무대에 새로운 권력자로 등장했다. 반면 노동하는 사람들의 처지는 갈 데 없이 추락했다. 근대 자본주의 이전의 농민, 소규모 작업장의 장인들은 풍족한 삶을 살지는 않았지만 적어도 자기 작업을 스스로 통제할 수 있었다. 특히 숙련된 장인들은 다른 사람에게 고용돼 있더라도 생산 활동을 자기 손으로 쥐락펴락하는 탓에 적지 않은 권리를 인정받았다. 그러나 기계를 이용하는 대공업은 이런 지위를 없애버렸다. 기계는 장인들이 하던 작업을 '생각 없이도' 할 수 있는 단순 작업으로 바꿔놓았다. 숙련된 장인이 더는 필요하지 않았고, 일용 노동자와 여성과 아이들도 얼마든지 작업을 할 수 있게 됐으며, 노동자는 손쉽게 다른 노동자로 대체할 수 있었다. 고용주, 곧 자본가는 작업장을 완전히 장악하고 지배했다. 노동자들은 팽팽 돌아가는 기계의 부속품으로, '살아 있는 기계'로 전락했다. 기계를 놀리면 손해를 보는 자본가는 장시간 노동을 강요했다. 하루 16시간 노동은 보통이었다. 정부는 자본가에게 노동자를 공급하기 위해 농촌의 공유지에 기대어 사는 빈농들을 도시로 쫓아냈고, 이 사람들이 먹고살려고 공장에 몰려들자 일자리에 견줘 일하려는 사람이 넘쳐나게 돼 임금은 점점 더 떨어졌다.

도심은 가난한 노동자들의 슬럼으로 바뀌었다. 일고여덟 식구가 방 하나에 침대도 없이 찬 바닥에 잤다. 아이들은 맨발에 누더기만 걸치고 자라다 툭하면 폐결핵이나 이질에 걸려 죽었다. 네다섯 살짜리 아이는 형이나 언니 손에 이끌려 공장에 갔고, 더 어린 아이는 부모가 돌아올 때까지 죽을 적신 천 조각을 빨며 혼자 집을 지켰다. 가난한 사람들이 먹는 싸구려 빵에서는 벌레나 석회 가루가 나오기 일쑤였다. 노동자 대중의 악화된 삶의 질은 키에도 영향을 미쳤다. 1810년부터 1830년 사이 영국 성인 남성의 평균 키는 5센티미터 넘게 줄어들었다.* 카리브 제도의 어느 노예 농장주는 이렇게 말했다. "나는 내가 노예 주인이라는 사실에 늘 죄의식을 느꼈다. 그러나 영국 노동자들의 처지보다 내 노예들의 처지가 낫다는 것을 인

정하지 않을 수 없다."●●

산업혁명이 유럽의 경제적 풍경을 바꿔놓았다면, 프랑스 대혁명은 정치와 사회의 풍경을 바꿔놓았다. 왕, 성직자, 귀족 등 특권 계급에 맞서 연합한 부르주아지와 도시 민중 '상퀼로트'●●●가 혁명을 일으켰고, 그 혁명은 여러 차례 굴곡을 겪으면서도 앙시앵 레짐<sup>ancien régime</sup>(구체제)을 산산조각 냈다. 부르주아지는 '국민의회'를 선포하고 '인권 선언'을 채택했으며, 파리 민중은 바스티유 감옥을 점령했다. 특권층은 한발 물러서는 듯했지만, 곧 왕은 혁명을 진압할 외국 군대를 끌어들였고 지방에서는 특권층이 반혁명 반란을 일으켰다. 민중은 다시 봉기했다. 로베스피에르를 중심으로 한 급진적 부르주아지는 권력을 잡은 뒤 왕 루이 16세를 단두대로 보내 처형했고, 이른바 공포 정치를 펼쳐 특권층이 정치적으로 재기할 가능성을 아예 없애버렸다. 그러나 공포 정치는 혁명의 피로감을 키워 반혁명 세력에게 기회를 줬다. 반혁명 세력은 '테르미도르 쿠데타'(테르미도르는 혁명력으로 '뜨거운 달'을 가리킨다)를 일으켜 로베스피에르파를 숙청했다. 보수적 부르주아지가 권력을 잡으면서 혁명은 잦아들었고, 민중을 위한 법령은 부자들의 이해관계를 보장하는 법령으로 바뀌었다.

그러나 프랑스 대혁명의 반봉건, 반특권 정신은 유럽 곳곳에 널리 퍼졌다. 혁명이 전파되지 못하게 하려는 보수 군주국에 맞서 벌인 전쟁에서 프랑스군이 연전연승했기 때문이다. 프랑스군은 파죽지세로 봉건 군주들

---

● 양동휴, 《양동휴의 경제사 산책》, 일조각, 2007.
●● 리오 휴버먼, 《자본주의 역사 바로 알기》, 책벌레, 2000.
●●● 상퀼로트(sans-culotte)는 프랑스 귀족 남성들의 전유물인 퀼로트(짧은 바지)를 입지 않는 사람들, 곧 평민을 가리킨다. 대개 도시의 소상인, 수공업자, 노동자를 뜻했다.

의 군대를 격파했고, 가는 곳마다 구체제를 무너뜨리며 자유주의의 씨앗을 심었다. 프랑스 대혁명과 역사에 기록된 다른 많은 혁명들의 차이는, 사회 구조는 그대로 둔 채 왕조의 이름이나 지배자의 얼굴만 바꾸는 데 그치지 않고 낡은 집을 철저히 무너뜨려 새로운 집의 토대를 닦은 점이다.

이 두 커다란 파도가 유럽에 퍼져가던 19세기, 여기에 대응하는 지적 흐름들도 나타났다. 영국의 정치경제학, 프랑스의 사회주의 사상, 독일의 관념 철학이 대표적이다. 이 세 가지 흐름을 '마르크스주의의 3대 원천'이라고 부른 사람은 러시아 혁명가 블라디미르 일리치 울리야노프 레닌이다. 너무 도식적으로 받아들이지만 않는다면 레닌의 설명은 마르크스 사상의 배경을 이해하는 데 도움이 된다. 마르크스는 먼저 헤겔 철학을 공부했고, 현실 운동에 참여하며 사회주의와 정치경제학을 공부했다. 마르크스는 이 지적 흐름을 얌전히 받아들인 게 아니라 비판하고 대결하며 주체적으로 받아들였고, 그 바탕 위에 자기만의 독창적인 사상을 만들어냈다. 이 세 가지 흐름을 길게 설명하기는 어렵지만,《선언》의 지적 배경을 이해하는 데 도움이 되는 정도에서 짧게 살펴보자.

먼저 정치경제학political economy. 경제학이면 경제학이고 정치학이면 정치학이지 정치경제학이라니? 경제를 정치에서, 또는 국가 운영에서 따로 떼어 생각할 수 있다고 보기 시작한 때는 그리 오래되지 않았다. 생산, 소비, 교환, 국제 교역에 이르는 모든 경제 활동은 국가 또는 정치 공동체하고 관련해서 관찰되고 이해됐다. 그리고 모든 정부의 목표는 부국강병이었기 때문에 정치경제학은 '나라의 부를 늘리는 방법을 찾는 학문'으로 발달했다. '국부國富'의 원천을 상업으로 보는 사람도 있고 농업으로 보는 학자도 있었는데, 산업 자본주의가 발전하면서 공업이 국부의 원천이라고 주장하는 사람들이 나타났다. 그 학자들은 공업 부르주아지의 이해관계가 곧 국가의 이해관계라는 사실을 여러 방법으로 증명하려 했다. 이 일을 뛰어나게 해낸 애덤 스미스와 데이비드 리카도 등이 '고전파 정치경제학'을 대표한다.

애덤 스미스는 《국부론》에서 '분업'이 부를 창출한다는 점을 '핀 공장'을 사례로 들어 멋지게 설명했다. 한 사람의 노동자가 핀 끝도 갈고 핀 머리도 붙이는 방식보다, 제작 공정을 잘게 나눠 여러 노동자가 한 가지 작업씩 도맡으면 생산량을 획기적으로 늘릴 수 있다는 말이다.

데이비드 리카도는 상품의 가치는 투입되는 노동의 양에 따라 결정된다는 '노동가치설'을 주창했다. 노동가치설이란 쉽게 말해 철수가 만든 빵 한 덩어리와 영희가 만든 양말 한 켤레가 같은 값으로 교환되는 이유는 두 상품 안에 똑같은 노동량(마르크스는 나중에 이것을 '사회적 필요 노동 시간'이라고 했다)이 들어 있기 때문이라는 얘기다. 리카도의 주장은 제조업자들에게 지지를 받았다. 노동자의 노동도 하나의 상품으로 볼 수 있으므로, 임금은 노동자들이 먹고살 수 있게 해주는 최소한의 노동량, 곧 최저 생필품 비용으로 결정하면 된다는 논리가 나오기 때문이다.

마르크스는 자본주의적 생산과 노동의 원리를 이해하면서 정치경제 학자들의 도움을 받았지만, 이 학자들을 극복하는 게 궁극적인 목표였다. 그때까지 정치경제학은 현상을 설명하면서 그 현상이 '원래 그런 것'이고 앞으로도 변함이 없을 것처럼 서술했다. 정치경제학은 사적 소유(토지, 공장, 기계 등 생산 수단을 배타적으로 소유하는 것. 생필품 등을 갖는 개인 소유하고는 다름)와 자본을 출발점으로 삼지만, 어디서 사적 소유와 자본이 나타났는지는 말해주지 않았다. 마르크스는 사적 소유와 자본은 역사 적으로 형성됐으며, 자본주의는 원래 그런 것도 아니고 영원한 것도 아닌

데다 내부 모순 때문에 붕괴할 수 있는 체제라고 봤다. 그래서 1867년에 《자본》을 출간할 때 부제를 '정치경제학 비판'이라고 붙였다.

다음으로 사회주의 사상을 보자. 많은 사람이 사회주의를 마르크스가 만든 이론으로 알고 자본주의에 대응한 반작용이라고 생각하지만, 그렇지 않다. 사회주의라는 말만 해도 19세기 전반에 로버트 오언의 지지자들이나 생시몽의 제자들을 거쳐 이미 유럽 대중들 사이에서 유행하고 있었다. 자본주의라는 말은 19세기 후반에 가서야 많이 쓰였다. 마르크스도 《선언》에서 자본주의가 아니라 부르주아 사회 또는 부르주아 지배라는 말을 쓴다.

사회주의는 그 말이 나타나기 매우 오래전부터 인간의 삶에 밀착해 있던 생활 방식이다. 오랫동안 인간은 협동해서 생산하고 생산물의 일부 또는 전부를 공동체 차원에서 분배하며, 토지, 가축, 농기구, 우물 등 주요 노동 수단(또는 생존 수단)을 공동체가 공유하고, 공동체의 중요한 일은 함께 참여해 결정하는 식으로 살아왔다.

한국 전통 농촌의 '두레'나 중세 유럽의 마을 공동체 '코뮌', 중세 도시 장인들의 조합인 '춘프트zunft'● 등은 사람들의 생활 방식과 생산 방식과 도덕적 가치관을 규정했다. 그러나 상업과 공업이 발달하고 자본주의 경제가 확대되면서 이런 전통 관계들이 파괴되고 노동자들의 삶이 갈수록 비참해지자 여기에 대응하는 좀더 근대적인 사회주의 사상이 여럿 나타났다. 19세기 초 사회주의라는 말은 한 사회의 부를 독차지하는 부르주아 이기주의에 저항하는 뜻으로 쓰였다.

근대 사회주의 사상은 전통적 공동체를 향한 향수에다 프랑스 혁명과 산업혁명의 유산을 이어받아 이것들을 결합하는 방식으로 등장했다. 인간 스스로 자기 사회를 설계할 수 있다는 확신, 계몽주의, 생산성과 기술 발전에 거는 기대, 호혜적이고 평등한 관계를 바라는 희망 등이 섞여 이상적 사회주의 공동체에 관련된 많은 아이디어가 책으로 나왔다. 어떤 모델은 정말 만들어지기도 했다. 《선언》에서 마르크스가 얘기하는 생시몽, 로버트 오언, 샤를 푸리에, 에티엔 카베 등은 마르크스보다 한발 앞서 그 시대를 풍미한 사회주의자들이었다. 마르크스와 엥겔스는 이 사람들의 사회주의와 자기들의 사회주의를 구별해, 앞의 것은 유토피아 사회주의라고 비판하고 자기들의 사상은 공산주의라고 불렀다. 그러나 매서운 비판을 하면서도 마르크스는 앞 세대 사회주의자들의 이상, 원리, 개념들을 많이 공유했다.

독일의 관념 철학은 헤겔 철학으로 대표된다. 헤겔은 베를린 대학교 철학 교수로 있으면서 평범한 사람들을 좌절시키기로 악명 높은 어려운 강의를 했다. 헤겔도 사회가 그때까지 겪어보지 못한 격변에 휩쓸리는 모습을 봤고, 그 혼란 속에서 다른 방식으로 역사를 설명하는 법칙을 찾으려 했다. 중세 사람들에게 세계는 신이 처음부터 완전하게 만든 것으로 받아들여졌고, 따라서 '발전'이나 '진보' 같은 생각이 끼어들 수 없었다. 그런데 헤겔은 인간의 역사가 어떤 법칙에 따라 진보한다는 혁명적인 해석을 내놓았다. 그 법칙은 바로 '변증법'이다.

변증법이란 사물이든 인간 사회든 그 안에 모순이 있어 그 모순이 '정正-반反-합合'의 과정을 거치며 변화를 만들어낸다는 논리다. 이를테면 프랑

---

● 중세 수공업 장인들이 모인 폐쇄적인 동업 조합. 영어로 하면 '길드(guild)'다. 춘프트는 장인과 그 장인이 고용한 몇몇 직인, 직인보다 아래에 있는 도제(요즘 말로 '인턴')로 짜인다. 도제로 들어와 오랜 세월 일을 배워야 장인이 될 수 있었고, 장인은 춘프트의 정회원이 됐다. 춘프트는 위계질서가 강하고 상품 생산을 배타적으로 독점했다. 이를테면 한 도시의 빵 생산은 제빵 춘프트 회원만, 농기구 생산은 농기구 춘프트 회원만 할 수 있었다. 어느 도시에는 심지어 구걸도 춘프트에 속한 거지만 할 수 있었다. 동업 조합이 중심인 생산 체계는 봉건 경제의 주된 특징이다.

스 대혁명이 일어나기 전 프랑스는 왕과 귀족의 지배 아래 통합된 상태, 곧 정이다. 여기에 신흥 부르주아지가 성장해 특권층에 대항하는 세력, 곧 반이 된다. 정과 반의 모순이 혁명으로 분출한 결과 프랑스는 근대 사회로 나아가게 되는데, 이것이 합이다. 이 과정이 바로 역사의 운동인데, 이 운동을 일으키는 근본 동인을 헤겔은 '정신'이라고 봤다. 정신은 정신인데 개개인의 정신을 초월한 '절대 정신'이 자기를 외화<sup>外化</sup>(본질을 외부로 드러냄)하고 다시 복귀하며 이 세계를 만들어간다는 것이다.

절대 정신이 외화하고 복귀한다는 의미를 이해하기 위해, 나무 블록으로 집짓기 놀이를 하는 어린 아이를 생각해보자. 처음에 아이가 만든 집은 유치하고 조잡하다. 아이 머릿속에 든 상상 자체가 조잡하기 때문이다. 그러나 만든 집을 부수고 다시 집을 지으면 전보다 좀 나은 꼴을 갖춘다. 몇 번을 그렇게 하다보면 상상도 풍부해져서 언젠가 궁전 같은 정교한 집을 짓게 된다. 헤겔에 따르면 외화된 정신은 '가족'으로 드러나고, 복귀했다가 다시 외화한 정신은 '시민사회'를 만든다. 그런 식으로 정신은 '국가'를 형성한다. 단순한 것에서 좀더 복잡하고 '완성된' 것으로 발전해 나간다. 이렇게 세계를 정신 또는 의식의 발전으로 설명하는 사상이 관념론이다.

이런 헤겔의 관념론에 대비되는 것이 유물론이다. 유물론은 세계의 형성과 변화를 물질적 토대에 기초해 설명한다. 단순한 예를 들어보자. 관념론은 스티브 잡스의 아이디어가 먼저 있는 덕분에 아이폰이 나왔다고 할 것이다. 유물론은 돈, 기술, 시장 등이 먼저 있는 덕분에 잡스가 아이폰을 만들 수 있었다고 할 것이다. 자칫 관념론은 무슨 정신적 초능력을 주장하고 유물론은 물질 말고는 아무것도 중요하지 않다는 식으로 생각할 수 있다(그래서 유물론을 '물질 숭배'하고 똑같다고 보는 이도 있다. 기막힌 오해다!). 그러나 관념론과 유물론의 차이는 반드시 무엇이 무엇보다 앞선다거나 무엇은 중요하고 무엇은 중요하지 않다는 주장이 아니라, '더 강하게 규정하는 힘'이 어디에 있는지 보는 데 있다.

헤겔처럼 세계사가 절대 정신에 따라 만들어진다고 보면 절대 정신이 실현되는 과정에서 중요한 구실을 하는 사람들, 곧 위인들이 역사의 주역이다. 알렉산더 대왕이나 나폴레옹 같은 이들 말이다. 눈치챘겠지만 절대 정신은 기독교의 신하고 크게 다르지 않다.

헤겔 철학의 의의는 인간 역사를 이해하는 통일되고 보편적인 인식의 틀을 제시한 데 있다. 역사는 갑작스레 일어나는 우연한 사건들의 합이 아니라 역사 법칙에 따른 흐름이 됐다. 마르크스는 역사를 변증법으로 이해하는 헤겔의 생각을 받아들였지만, 역사의 핵심 동력이 정신이라는 생각은 거부했다.

마르크스가 생각하는 역사의 동력은 무엇일까? 인간이 먹고살고 노동하고 생산하는 현실적 관계에서 역사의 동력이 나온다는 게 마르크스의 대답이다. 노예 제도가 없었다면 알렉산더 대왕은 정복 전쟁을 시작할 수도 없었다. 프랑스의 인구와 농업 생산성과 근대적 공업 체계가 없었다면 나폴레옹이 제아무리 천재라도 유럽 제패는 꿈일 뿐이었다. 영웅들은 인간 노동과 생산이라는 바다 위에 뜬 빙산에 지나지 않는다. 빙산은 바다가 없으면 뜰 수도 없고 움직이지도 못한다.

마르크스는 이렇게 그 시대의 가장 중요한 지적 흐름을 탐구하고 때로 대결하며 자기만의 이론을 만들어갔다. 연구실 책상 앞이 아니라 현실의 혁명 운동에서 제기되는 질문에 대답하며 그 작업을 해나갔다. 마르크스는 진리를 머나먼 별에 있는 무엇으로 생각하지 않았다. 마르크스가

《포이에르바하에 관한 테제들》*에서 썼듯이 진리를 파악하는 일은 "이론의 문제가 아니라 실천의 문제"였다.


## 누가 마르크스를 불러내는 걸까

쇼팽의 피아노곡 〈혁명〉을 들어보라. 한 손이 '따단따단 따단따단' 격한 엑센트를 주면서 연주하는 동안 다른 손은 물결치듯 아주 빠르게 음표를 짚어간다. 엑센트가 역사의 고비마다 폭발하는 반란이라면, 물결치는 반주는 반란의 여파에 휩쓸린 사람들, 흥분하고 동요하는 사회를 뜻하는 것 같다.

《선언》이 발표되자마자 유럽은 기다렸다는 듯 혁명의 도가니로 빨려들어갔다. 1848년의 혁명은 그야말로 '세계 혁명'이었다. 2월 프랑스에서 루이 필립의 '7월 왕정'이 무너졌고, 3월에는 독일 곳곳에서 봉기가 일어났다. 혁명은 오스트리아, 이탈리아, 헝가리 등으로 번졌다. 《선언》이 혁명을 일으킨 직접 원인은 아니지만, 어쨌든 기막힌 타이밍이었다. 공산주의자 동맹의 많은 회원들과 마르크스는 무엇보다 독일의 민주주의 혁명을 성공시키려고 쾰른으로 갔다. 마르크스와 엥겔스는 《신新라인 신문》을 새로 만들어 민주적 부르주아지에게는 군주정에 타협하지 않는 단호한 태도를 촉구했고, 독일 노동자들에게는 민주적 부르주아지하고 함께 혁명을 성공시켜야 한다고 호소했다. 그러나 1848년 뜨겁던 혁명의 열기가 수그러들자 보수파의 반격이 시작됐고, 1849년에 이르러 각국의 혁명은 모두 실패로 끝나고 말았다. 《신라인 신문》에 "정부에 일체의 세금을 내지 말라"고 선동한 마르크스는 결국 정부의 폐간 명령을 받고 독일에서 쫓겨났다.

엥겔스의 권유를 받고 영국 런던으로 망명한 마르크스에게 그 뒤 이어진 15년 세월은 고립과 고통의 시간이었다. 혁명이 지나간 자리에 보수 반동의 바람이 거셌고, 지난날의 추억을 잊지 못하는 몇몇 망명자는 아무런 준비도 없이 무모한 봉기를 일으키는 데 집착했다. 마르크스는 뉴욕에서 나오는 신문에 가끔 글을 써 받는 원고료 말고는 정기 수입이 거의 없었고, 가끔씩 들어오는 친척 유산도 잘 관리하지 못해 온 가족이 가난에 시달려야 했다. 이때 일곱 아이 중 셋이 병에 걸려 죽었다(또 한 아이는 사산했다). 어린 딸이 세상을 떠난 때는 심지어 관을 살 돈을 주위에 꾸러 다녀야 했다. 이런 마르크스가 살아남은 것은 오로지 엥겔스가 아버지 공장에서 일하며 아버지 모르게 '비자금'을 만들어 보내준 덕분이다. 다른 독일인 망명자들이 모두 이렇게 가난하지는 않은 점을 보면, 마르크스가 유달리 경제적으로 무능했다는 사실은 변명할 여지가 없는 듯하다.

역설적이지만 실업자가 된 덕분에 마르크스의 정치경제학 연구는 크게 전진했다. 젊음을 다 바쳐 해보려던 일에 실패하고 나이를 먹게 되면 사람은 크게 둘로 나뉘는 것 같다. 한쪽은 지난날의 추억에 젖어 세상이 자기 뜻을 몰라준다고 한탄하는 사람이고, 다른 한쪽은 과거를 철저히 부정하고 반대편에 얼른 가담하려는 사람이다. 그러나 마르크스는 1848년 혁명이 끝났을 때 그 어느 쪽도 아니었다. 마르크스는 대영 박물관의 도서관 책상에 앉아 자본주의 사회의 원리를 파고들었다. 자기가 혁명으로 분쇄하

● 1844년 무렵에 쓴 〈포이에르바하에 관한 테제들〉은 11개의 짧은 테제(these), 곧 명제로 구성돼 있다. 마르크스는 헤겔을 비판하며 유물론에 다다른 포이어바흐에게서 많은 영향을 받지만, 이 글에서 포이어바흐의 유물론이 지닌 한계를 비판하면서 물질 환경과 인간 실천의 상호 작용을 강조한 새로운 유물론으로 나아간다. "철학자들은 세계를 단지 다양하게 해석해왔을 뿐이다. 중요한 것은 세계를 변혁하는 것이다"라는 유명한 말이 이 테제에 있다. '포이어바흐'가 옳은 표기법이지만 이미 번역된 제목은 그대로 뒀다. 다른 인용도 마찬가지다.

려 하는 대상을 지탱하는 내부 동력이 무엇인지를 15년이 넘는 긴 시간에 걸쳐 연구했고, 1867년 마침내 《자본》 1권을 냈다. 《자본》은 자본주의 사회의 장막 안을 들여보려는 사람에게 필독서다. 마르크스는 이 책에서 자본주의 체제의 임금 노동은 필연적으로 노동 착취를 낳는다는 사실, 자본주의에서 부의 증식은 노동자가 만들어낸 '잉여 가치'를 자본이 전유專有(허락 없이 독차지한다는 뜻)하기 때문이라는 사실을 입증한다.

《선언》에 담긴 '만국의 노동자여 단결하라'라는 호소는 1864년 국제노동자협회(인터내셔널)가 만들어지면서 비로소 화답을 듣게 된다. 마르크스는 인터내셔널에 참여해 조직이 내용과 노선을 확립하는 데 큰 구실을 한다. 인터내셔널은 영국, 프랑스, 벨기에, 폴란드, 미국 등에 회원 수만 명을 둔 노동운동 조직으로 성장했는데, 경찰들끼리 회원 수를 수백만 명으로 과장되게 짐작할 정도로 위협적인 존재가 됐다. 나이가 들어도 기세가 꺾이지 않는 싸움꾼 마르크스는 인터내셔널에서 자기에게 다른 노선으로 대적한 미하일 바쿠닌 등 아나키스트들을 몰아내버렸고, 차츰 마르크스의 사상이 유럽 노동운동의 대중 노선으로 자리 잡았다. 19세기 후반에는 독일 사회민주당을 비롯해 여러 나라에서 '마르크스주의' 또는 '과학적 사회주의'를 따르는 노동자 정당이 만들어졌다.

과학적 사회주의란 만년의 엥겔스가 마르크스의 동의 아래 두 사람의 사상에 붙인 이름이다. 그러나 마르크스와 엥겔스는 마르크스주의라는 말은 만들지 않았다. 마르크스의 후계자를 자처하는 사람들이 만들어낸 표현일 뿐이다. 이 사람들이 가끔 자기 사상에 담긴 본뜻을 왜곡하는 바람에 마르크스는 "그렇다면 나는 마르크스주의자가 아닌 모양이다"라는 유명한 말을 남겼다. '모든 것을 의심하라'를 신조로 삼은 마르크스를 따르는 뒷세대 마르크스주의자들은 마르크스가 한 몇몇 주장을 영원불변의 진리로 끌어올리려 했다. 특히 권력을 잡은 몇몇 사회주의자는 마르크스에 대한 단 하나의 해석을 강요하며 반대자들을 숙청하기도 했다. 구소련과 동독의 공산당 정부는 여기저기 흩어져 있던 마르크스의 저작을 모아 '마르크스주의의 본산'이라고 자랑했지만, 어떤 저작은 사람들이 보지 못하게 하기도 했다. 당 독재와 관료주의를 향한 비판으로 읽힐 수도 있는 대목이 들어 있었기 때문이다. 아내와 큰딸을 먼저 저세상에 보낸 마르크스는 1883년 3월 14일 런던 자택에서 친구이자 동지 엥겔스가 지켜보는 사이에 65세로 숨을 거뒀다. 엥겔스는 장례식에서 이런 추도사를 남겼다. "반대자는 많았지만 개인적인 적은 한 사람도 없었다. 마르크스의 이름은 수백 년이 지나도 살아 있을 것이며, 저작도 그럴 것이다."

얼마 전 러시 림보라는 미국의 보수 성향 평론가가 프란치스코 교황를 향해 '마르크스주의자'라고 쏘아붙였다. 가난한 사람들을 만나기 좋아하는 교황이 오늘날 사회를 '자본주의의 독재'라고 비판하자 보인 반응이었다. 이 비판에 관해 교황은 한 인터뷰에서 자기는 마르크스주의자가 아니라고 하면서도 이렇게 말했다. "당신이 나를 마르크스주의자들에 연관짓는다 해도 크게 나쁜 일은 아닙니다. 그 사람들의 최종 목표는 좋은 쪽이기 때문입니다."[*] 교황만이 아니다. 2013년에 뉴욕 시장에 뽑힌 빌 드블라지오도 반대파들은 마르크스주의자로 부른다. 빌 드블라지오가 자기는 자유 시장경제를 믿지 않으며 경제는 정부가 엄격히 통제해야 한다고 소

---

● "Pope Francis: I'm not a Marxist," *Time*, Dec. 15, 2013(이탈리아 언론에 실린 인터뷰를 인용 보도).

칼 마르크스(오른쪽)와 프리드리히 엥겔스(왼쪽).

신을 밝히자 언론은 소련으로 돌아가자는 말이냐며 야단법석을 떨었다. 잊힐 만하면 마르크스를 다시 불러내는 이들은 오히려 보수 시장주의자들, 마르크스의 반대자들이다. 이런 상황은 뭘 말하고 있을까? 자본주의가 안고 있는 여러 문제점을 자기들도 부인할 수 없는 게 아닐까? 도둑이 제 발 저리다고, 자본주의의 문제점이 드러날 때마다 마르크스의 그림자가 성큼 다가오는 두려움을 느끼는 것이다.

여전히 마르크스는 현재형이다. 그것만으로도 마르크스를 공부할 이유는 충분하다. 물론 마르크스를 성급히 비난할 필요도 없고 무조건 옳다고 끄덕일 까닭도 없다. 먼저 마음을 열고 마르크스가 무엇을 말하려 했는지, 어떤 비판의 방법을 썼는지 알아보자. 누구보다도 인간이 인간을 착취하는 사회를 미워했고, 역사의 망치로 돌 속에 갇힌 인류를 끄집어내려 한 사람, 신의 구원이나 부자들이 베푸는 자선이나 엘리트들이 그린 유토피아 설계도에 기대지 않고도 노동자들 스스로 해방을 얻을 수 있다고 믿은 사람, 그리하여 인류 전체가 자유롭고 평등한 사회로 나아갈 수 있다고 생각한 사람, 마르크스. 그 사람의 이야기를 들어보자.

## 2부

《공산당 선언》,
침몰하는 자본주의에서
함께 탈출하기

유럽을 떠도는 유령이 있다. 바로 공산주의라는 유령이다. 낡은 유럽의 모든 세력이 이 유령을 몰아내려고 신성동맹[1]을 맺었다. 교황과 차르, 메테르니히와 기조, 프랑스의 급진파와 독일의 경찰 스파이들이.[2]

권력을 쥔 세력들이 퍼부어대는 공산주의라는 비난에 시달리지 않은 반정부 당이 있을까? 자기보다 더 진보적인 반정부 당이나 반동적인 적수에게 공산주의라는 낙인을 찍어 비난하지 않는 반정부 당이 어디 있을까?

이런 사실에서 두 가지 결론이 나온다.

첫째, 유럽의 모든 세력은 이미 공산주의를 하나의 세력으로 인정했다.

둘째, 이제 공산주의자들은 자기의 견해, 의도, 성향을 전세계에 떳떳이 드러내어 공산주의라는 유령 이야기에 당 자체의 선언으로 맞서야 한다.

그런 목적에 동의한 여러 국적을 지닌 공산주의자들이 이곳 런던[3]에 모여 영어, 프랑스어, 독일어, 이탈리아어, 플랑드르[4]어, 덴마크어로 발표할 선언의 초고를 가다듬었다.

—

1 1815년 나폴레옹을 꺾은 유럽 군주들이 빈 회의를 열어 프랑스 혁명 이전으로 체제를 되돌리려고 맺은 보수주의 동맹을 가리킨다. 러시아, 오스트리아, 프로이센이 이끌었다. 마르크스는 공산주의를 억압하는 세력들을 신성동맹에 비유하고 있다.
2 차르(Tsar)는 러시아 황제를 부르는 호칭이다. 황제를 가리키는 독일어 카이저(Kaiser)와 함께 라틴어 카이사르(Caesar)에서 나왔다. 메테르니히(Klemens Wenzel Lothar von Metternich, 1773~1859)는 오스트리아의 정치가로 1821년부터 재상을 지내다가 1848년 혁명으로 물러난다. 기조(François Pierre Guillaume Guizot, 1787~1874)도 프랑스의 외무부 장관을 지내다가 1848년 혁명으로 쫓겨난다.
3 공산주의자동맹 2차 대회(1847년 11월)를 가리킨다.
4 지금의 벨기에와 네덜란드로, 모직 산업이 발달했다.

## 마르크스, 으스스하게 막을 열다

"유럽을 떠도는 유령이 있다." 으스스한 한기가 퍼지는 듯하다. 마르크스는 이 문장의 영감을 어디서 얻었을까. 젊은 시절부터 '광팬'이던 셰익스피어의 작품에서 아이디어를 얻은 건 아닐까? 셰익스피어의 〈맥베스〉를 보면 주인공 맥베스는 충직한 친구의 아들이 뒷날 자기 자리를 노리게 된다는 예언 때문에 친구를 살해한다. 그러나 친구는 유령이 돼 살인자 맥베스 앞에 나타난다. 자기 눈에만 보이는 유령 때문에 급기야 맥베스는 광기에 휩싸인다. 공산주의의 유령에 떠는 사람들은 누구일까?

마르크스가 말한 '낡은 유럽의 모든 세력'들은 서로 사이가 안 좋아야 정상이다. 가톨릭 교황이 그리스 정교회 수장인 러시아 차르하고 사이가 좋을 수 있을까? 메테르니히는 유럽의 경찰을 자처하는 오스트리아의 재상이고 기조는 자존심 강하기로 따져 둘째가라면 서러운 프랑스의 장관인데, 이 둘이 친할 수 있을까? 게다가 왕정에 반대해 공화정을 선동하는 프랑스 급진파 부르주아지가 절대 군주국 독일의 비밀경찰하고 손을 잡다니. 개와 고양이가 손잡은 셈이다. 공산주의가 대체 뭐길래?

19세기는 사회주의와 공산주의라고 불린 이론이나 운동이 아주 다양하게 펼쳐지고 있었다. 마르크스에 앞선 이 다양한 공산주의 흐름에는 한 가지 분명한 공통점이 있었다. 바로 '소유의 자유'를 향한 공격이었다. 자본주의는 오랜 세월 관습에 따라 공동의 소유이자 공동체의 소유라고 여겨진 생산 수단과 생존 수단들을 개인이 독점으로 소유할 수 있게 하는 체제다. 토지나 공장 등 생산 수단을 배타적으로 소유한 사람이 자본가고, 그 결과 자본가는 사람들에게 자기 밑에서 일하든지 아니면 굶어 죽든지 선택하라고 말할 수 있다. 공산주의는 이런 방식의 소유에 반대하고 공동의 소유 또는 사회적 소유로 바꾸자는 주장을 한다. 공동 소유와 공동 생산은 지난날 널리 퍼져 있다 자본주의 체제가 들어서면서 파괴된 사회 형태라서, '소유의 자유'를 향한 대중의 비난과 반대는 부르주아지에게 '유령'의 귀환이자 복수로 여겨진다. 부르주아지가 알레르기 반응을 보이는 건 당연하다. 평소 으르렁대던 정적들도 '공공'의 적인 공산주의 앞에서는 하나로 뭉친다. 서로 달라 보여도 결국 이해관계가 같기 때문이다.

'이 사실에서 나오는 두 가지 결론'을 보자. "공산주의를 하나의 세력으로 인정했다"는 것은 말 그대로 사실이다. 공산주의를 퇴치하려는 '신성 동맹'이 그 사실을 증명한다. 다른 결론인 "공산주의자들은 자기의 견해, 의도, 성향을 전세계에 떳떳이 드러내어 공산주의라는 유령 이야기에 당 자체의 선언으로 맞서야 한다"는 말은 무슨 뜻일까? 공산주의를 내걸었다 탄압받을 수도 있고 대중이 거부감을 가질 수도 있는데, 다른 이름으로 활동하는 게 낫지 않을까? 이를테면 '인간사랑당' 같은 이름은 어떤가. 그런데 마르크스는 이제야말로 그 무서운 공산주의를 떠들 때라고 한다. '견해, 목적, 지향'은 곧 '당의 강령'을 말한다. 유령 같은 모호함을 벗어던지고 이념과 체계를 확실히 갖춘 정치 조직이 되겠다는 뜻이다.

두 가지 이유가 있다. 첫째, 그때 유럽의 정세가 일촉즉발 혁명으로 다가서고 있었기 때문이다. 영국에서는 노동자 참정권을 요구하는 운동이 터져 나왔고, 프랑스와 독일에서는 자유주의적 개혁 운동이 벌어졌으며, 헝가리와 이탈리아에서는 민족 자결을 요구하는 운동이 일어서고 있었다. 노동자들은 여기서는 부르주아들에게, 저기서는 민족주의자들에게 이끌려 다니고 있었다. 혁명이 성공하려면 노동자 계급의 독자적인 운동을 대변하는 조직이 필요하다고 마르크스는 생각했다. 둘째, 공산주의자 동맹 안에 유행하는 잡다하고 모호한 사회주의 운동들, 특히 철학 이론을 전파하거나 의식을 개혁해 현실 문제를 해결할 수 있다고 믿는 몇몇 사변적인 세력들을 청산해야 했기 때문이다. 공산주의는 현실에 관한 갖가지 불만을 뒤섞은 뜬구름 같은 호소가 아니라, 새롭게 떠오르는 프롤레타리아 계급의 구체적이고 실질적인 운동이 돼야 했다.

# 1장

## 부르주아와
## 프롤레타리아

지금까지 모든 사회의 역사는 계급 투쟁의 역사다.

자유민과 노예, 귀족과 평민, 영주와 농노, 춘프트 회원과 직인, 곧 억압자와 피억압자는 끊임없이 서로 대립했는데, 때로는 숨겨진 곳에서 때로는 드러내놓고 끝없는 투쟁을 이어왔다. 이런 투쟁은 그때마다 사회 전체를 혁명적으로 개조하거나 투쟁하던 계급들이 함께 몰락하며 끝이 났다.

지나온 역사를 돌아보면 거의 모든 곳에서 사회가 여러 신분으로 복잡하게 나뉘고, 사회적 지위에도 자잘한 등급이 매겨진 사실을 알 수 있다. 고대 로마에는 귀족, 기사, 평민, 노예가 있었고, 중세에는 봉건 영주, 가신, 춘프트 회원, 직인, 도제, 농노가 있었다. 이런 계급 안에는 거의 모두 자잘한 등급들이 또 있었다.

봉건 사회가 무너지면서 생겨난 현대 부르주아 사회는 계급 대립을 없애지 못했다. 부르주아 사회는 낡은 계급, 낡은 억압 조건, 낡은 투쟁 형태를 새로운 계급, 새로운 억압 조건, 새로운 투쟁 형태로 바꿔놓았을 뿐이다.

그러나 우리 시대, 부르주아지의 시대는 뚜렷한 특징도 있다. 계급 대립이 단순해졌다는 점이다. 사회 전체가 두 개의 커다란 적대 진영으로, 서로 직접 맞부딪치는 두 계급으로 점점 더 분열하고 있다. 바로 부르주아지와 프롤레타리아트다.

## 역사는 고려와 조선으로 구분되지 않는다

한국사를 시대별로 나눠보라고 하면 다들 똑같은 대답을 한다. "고조선, 삼국 시대, 남북국 시대, 고려 시대, 조선 시대, 일제 강점기, 대한민국……" 내가 "고려 시대와 조선 시대를 나누는 이유가 뭐냐"라고 묻는다면, '황당한 놈 다 보겠네'라는 표정으로 "나라가 다르잖아요"라고 답한다. 나라 이름이 다르고 왕조가 다르다는 사실은 나도 안다. 지배층에게는 그 문제가 중요했을 테지만 산골에서 논밭 가는 민초에게도 똑같았을까?

민중의 삶은 고려 시대나 조선 시대나 큰 차이가 없었다. 한 마을에서 대대손손 농사짓고 살다가 지주와 나라에 세금 바치고, 때때로 부역에 끌려 나가 일손을 댔다. 보릿고개 오면 배 곯고, 추수하면 잠시 시름 잊고. 민중의 삶이 근본부터 달라진 건 '근대화'가 진행된 수십 년 사이에 벌어진 일이다. 도시로 나간 사람들은 먹을거리를 더는 걱정하지 않게 됐으며, '나라님'을 투표로 뽑기도 했다. 민중의 눈으로 볼 때 왕조의 이름으로 역사를 구분하는 방식은 철저히 권력자의 시각일 뿐이다.

마르크스는 역사를 인간이 먹고사는 방식, 특히 '생산'하는 방식으로 구분한다. 역사는 원시 공동체 사회에서 노예제 사회로, 노예제 사회에서 봉건제 사회로, 봉건제 사회에서 부르주아 사회, 곧 자본주의 사회로 변화했다. 노동하는 사람들은 고려 시대와 조선 시대의 차이는 잘 몰라도, 봉건제 사회와 자본주의 사회의 차이는 온몸으로 느낄 수 있다. 지게 지고 밭에 가는 농민과 스마트폰 들고 회사에 가는 사무직 노동자를 떠올려보라. 그런데 이런 역사 변화는 단 한 번도 평화롭게 일어난 적이 없다. 체제를 유지하려는 세력과 바꾸려는 세력 사이에 격렬한 투쟁이 벌어졌다. "모든 사회의 역사는 계급 투쟁의 역사"라는 마르크스의 말은 이런 뜻이다.

그럼 계급이란 무엇인가? 사회 계급을 '부자'와 '가난한 사람'으로 나누는 사람들이 많다. 정확한 구분이 아니다. 노예를 천 명 거느린 부잣집에 사는 노예가 겨우 노예 한 명 거느린 가난한 집의 노예 주인보다 잘 먹고 잘 입을 수도 있다. 그렇다고 '부자 노예'가 '가난한 노예 주인'보다 높지는 않다. 아무리 잘 먹어도 노예는 노예, 주인은 주인이다. 계급 관계는 권력 관계이며, 한 계급이 다른 계급을 지배하는 관계다. 빈부는 계급들을 나누는 원인이 아니라 나눠진 계급들에 따라 생겨난 결과일 뿐이다.

계급은 '생산 수단'을 누가 차지했는지에 따라 나뉜다. 가축, 토지, 기계, 공장, 원료 등 생산에 필요한 도구와 재료가 생산 수단이다. 누군가가 생산 수단을 차지하게 되면 그 사람은 그것을 '자본'으로 만들 수 있다. 그래서 자본을 가진 사람은 그렇지 못한 사람을 자기를 위해 일하게 하고 얼마 안 되는 임금을 준 나머지 노동 생산물을 몽땅 독차지할 수 있다. 만약 교과서에 나오는 대로 자본가는 자본(생산 수단)을 제공하고 노동자는 노동력을 제공해 함께 일한 뒤 서로 기여한 만큼 보상을 챙긴다면 노동자와 자본가는 완전히 동등한 관계가 된다.

그러나 현실은 전혀 그렇지 않다. 땅이 없는 농부는 지주에게 땅 좀 빌려주십사 공손히 고개를 조아려야 한다. 고용된 노동자는 사장이 저보다 나이가 어려도 눈치를 봐야 한다. 안 그러면 잘린다. 그래서 중세 영주는 농노를 지배했고, 현대 자본가는 노동자들을 마음대로 부릴 수 있다. 생산 수단을 독점하면 자기는 일하지 않고도 남을 시켜 돈을 벌 수 있다. 생산 수단이 있고 없고는 단순한 차이가 아니라, 사람을 위아래로 갈라놓고 지배자와 피지배자를 결정한다.

그런데 이 계급 관계는 영원불변하지 않고 끊임없는 투쟁 속에 놓여 있다. 계급들은 생산 수단에 관한 권리를 놓고, 또 생산물의 분배를 둘러싸고 투쟁한다. 지난날 소작농들이 소작료를 내려달라며 벌인 소작 쟁의나 오늘날 노동조합이 임금을 올려달라며 벌이는 파업은 계급 투쟁의 한 모습이다. 계급 투쟁이 혁명으로 나아가면, 노동자가 자본가를 내쫓고 기업을 직접 운영하기도 하고 농민이 지주의 땅을 나눠 갖기도 한다. 반대로 정부가 복지국가를 만들자며 세금을 걷으려 할 때 부자들이 하는 조세 저항도 계급 투쟁이다. 노무현 정부 때 종합부동산세를 새로 만들자 강남 부자들이 들고 일어난 일을 떠올리면 된다.

계급들이 크고 작은 투쟁을 벌이다 '공동 몰락'하거나 '사회의 혁명적 개조'가 일어난다고 마르크스는 말한다. 찬란한 로마 문명이 중세 암흑시대로 이어진 것은 내부의 계급 투쟁이 공동 몰락으로 끝난 경우다. 목가적인 봉건 시대에서 대공업 자본주의로 옮겨간 것은 사회의 혁명적 개조라고 할 수 있다. 19세기 초까지 10억 명쯤 되던 전세계 인구가 그 뒤 200년 동안 70억 명으로 늘어난 것만 봐도 자본주의 체제에서 거대한 진보가 진행된 사실을 알 수 있다. 봉건 사회에서 자본주의로 넘어올 때 구체제의 특권 계급에 맞서 신진 부르주아지와 노동자들은 함께 피 흘려 싸웠다. 그러나 자본주의는 계급 대립을 없앤 게 아니라 부르주아지를 새로운 지배 계급으로 만들었다. 다만 여러 계급이 공존하던 중세 시대에 견줘 부르주아지와 프롤레타리아트라는 두 계급으로 좀더 확실히 나뉘었을 뿐이다.

계급 구조가 이렇게 단순해졌다는 주장은 비판을 받기도 한다. 자본주의가 발달하면서 '중간층'이 도리어 늘었다고 주장하는 사람도 있기 때문이다. 이를테면 고액 연봉을 받는 대기업 직원은 프롤레타리아일까?

두 계급으로 단순화된다는 마르크스의 주장을, 마치 사회를 식빵처럼 자르면 모든 사람이 이쪽 덩어리 아니면 저쪽 덩어리에 들어 있다는 식으로 받아들이면 안 된다. 사회는 그렇게 딱 잘라 나뉘지 않고, 다만 어떤 '경향'이나 '흐름'이 있을 뿐이다. 스스로 중간층이라 생각하는 상대적 고소득층 노동자도 결국은 고용주에게 자기 지위를 내맡긴 임금 노동자일 따름이기 때문에 처지가 안정적이지 않다. 자기가 중간층이라는 환상을 갖고 있는 대기업 직원도 정리 해고와 구조 조정 앞에서는 하루아침에 실업자나 비정규직으로 떨어진다. 경제학자 토마 피케티는 통계를 동원해 20세기 중반의 20여 년을 뺀 300여 년 동안 자본주의는 부의 대물림이 심해지는 '세습 자본주의'의 양상을 띤다는 점을 입증했다. 양 99마리를 가진 사람이 다른 사람의 양 1마리를 빼앗아 100마리를 채운다는 성경 구절이 현실이 된 셈이다.

이제 마르크스의 서술 방식을 이해하기 위해 부르주아 시민 혁명에서 채택된 다른 선언들하고 《선언》을 잠깐 비교해보자.

우리는 다음을 자명한 진리로 받아들인다. 모든 사람은 평등하게 태어났고, 창조주에게서 양도할 수 없는 권리를 부여받았다.

— 1776년 〈미국 독립 선언〉

인간은 자유롭고 평등한 권리를 지니고 태어나 살아간다.

— 1789년 프랑스 대혁명 때 채택된 〈인간과 시민의 권리 선언〉

둘 다 역사적으로 매우 중요한 선언이다. 그런데 이 선언들은 자유, 평등, 인권을 당연한 것으로 취급하고 시작한다. '원래 그렇다'는 식이다. 이런 생각을 '자연권' 사상이라고 한다. 근대 시민 혁명의 사상가들은 정부에 반기를 들 때 자연권 사상에서 대의명분을 가져왔다. 천부의 권리인 자유와 평등을 억압하는 정부는 정당성이 없으므로 혁명이 정당화된다. 맹자도 천명을 거스르는 군주에게는 '역성易姓혁명'이 정당하다고 얘기했다.

그런데 《선언》은 '역사'에서 시작한다. 타고난 권리, 천명, '원래 그런 것'에 기대어 정당성을 확보하려 하지 않는다. 지금 존재하는 모든 것은 역사적으로 만들어진 것일 뿐 초월적이고 영원한 그 무엇은 아니다. 마르크스는 이렇게 역사적 이해를 바탕으로 자기 생각을 드러냈는데, 거기에는 계급 투쟁은 지금도 진행형이라는 의미가 담겨 있다. 미국 독립 선언의

천사의 모습으로 지상에 내려온
〈인간과 시민의 권리 선언〉.

〈미국 독립 선언문〉.

자연권 사상이나 맹자의 역성혁명론은 기성 권력에 맞서는 저항을 정당화해준 중요한 의미가 있지만, 근본에서는 보수적이다. '원래 어떤 것', 초월적인 것을 원형으로 삼아 지금 벌어진 문제를 없앤 뒤 그 원형으로 돌아가자고 하기 때문이다. 폭군을 물리친 사람은 '천명'이 자기에게 왔다고 부르짖는다. 부르주아지는 낡은 봉건 시대가 사라지고 자유와 평등의 시대가 열렸다고 외친다. 원형을 되찾았으니 이제는 사회에 문제가 없다는 얘기다. 새 지배자의 자리에 오른 세력이 늘 하는 말이다. 지난날 부르주아지가 봉건 귀족에 맞서 투쟁했지만 이제는 프롤레타리아트가 부르주아지와 투쟁하는 것이 역사적 필연이라고 마르크스는 싸늘하게 말한다. '평화로운 부르주아적 진보'를 꿈꾸는 사람들에게 불길한 조종弔鐘을 울린다. 짧은 본문에 해설은 조금 길었다. 처음에 할 말이 많은 법이다.

중세의 농노에서 초기 도시의 시민이 처음 생겨났고, 이 시민에게서 부르주아지를 특징짓는 요소들이 발전하기 시작했다.

아메리카를 발견하고 아프리카 회항로[1]를 찾은 사건은 떠오르는 부르주아지에게 새로운 무대를 마련해줬다. 동인도 제도 시장과 중국 시장이 열리고, 아메리카 식민지를 개척하며, 식민지 교역이 활발해지고, 교환 수단이 다양해지고 상품 종류가 늘면서 상업, 해운, 공업은 일찍이 겪어보지 못한 충격을 받았으며, 그 결과 허물어지고 있던 봉건 사회의 혁명적 요소도 빠르게 발전했다.

폐쇄된 춘프트가 공업 생산을 독점하는 봉건제 공업 체제는 새로운 시장이 생기면서 늘어난 수요를 이제 더는 감당할 수 없었다. 매뉴팩처[2] 체제가 그 자리를 대신 차지했다. 춘프트 장인들은 매뉴팩처 중간 계급에게 밀려났고, 여러 조합들 사이의 분업은 작업장 단위의 분업에 자리를 내줬다.

시장은 끊임없이 커졌고, 수요도 죽 늘어났다. 매뉴팩처도 이제 더는 감당할 수 없었다. 그때 증기와 기계가 공업 생산에 혁명을 일으켰다. 매뉴팩처는 현대 공업이라는 거인에 밀려났고, 공업 중간 계급의 자리는 공업 백만장자들, 전체 공업 군대의 지휘관인 현대 부르주아들이 차지했다.

아메리카의 발견이 닦은 길을 따라 현대 공업은 세계 시장을 만들었다. 세계 시장 덕분에 상업, 해운, 육상 교통은 눈부시게 발전했다. 이런 발전은 공업이 확대되는 데에도 또 영향을 미쳤는데, 공업, 상업, 해운, 철도가 확대되는 정도만큼 발전하면서 자본을 불린 부르주아지 때문에 중세에 기원을 둔 모든 계급은 존재감을 잃게 됐다.

따라서 우리는 현대 부르주아지 자체가 기나긴 발전 과정의 산물이며, 생산 방식과 교환 방식의 잇따른 혁명이 가져온 결실이라는 사실을 알게 된다.

—

1 1497년 포르투갈의 바스코 다 가마는 유럽인 중에는 처음으로 아프리카 희망봉을 돌아 인도로 가는 항로를 개척했다. 이것을 아프리카 회항의 발견이라고 하는데, 유럽이 아시아로 진출하는 발판이 됐다.
2 매뉴팩처는 공업의 발달 단계에서 장인들이 이끄는 독립적 생산과 기계제 대공업의 중간 단계로, 장인들을 한 곳에 모아 협력해 생산하게 만드는 체제다. 공장제 수공업이라고 부르기도 한다. 마차 매뉴팩처를 예로 들면, 한 사람은 바퀴를 만들고, 한 사람은 바퀴 굴대를, 다른 사람은 몸체를 만들어 마지막에 조립한다. 매뉴팩처는 본격적인 자본주의 공업의 전 시대를 형성한다.

## 부르주아지, 난 네 과거를 알고 있다

"현대 부르주아지 자체가 기나긴 발전 과정의 산물이며, 생산 방식과 교환 방식의 잇따른 혁명이 가져올 결실"이라는 대목에 마르크스 '역사 유물론' 의 핵심 내용이 담겨 있다. 마르크스는 헤겔에게서 역사의 변증법적 운동 을, 포이어바흐에게서 유물론을 가져와 창조적으로 결합했다.

정신의 외화와 복귀 과정으로 세계사를 이해한 헤겔의 관념론에 맞서 포이어바흐는 유물론을 주장했다. 포이어바흐가 속한 청년헤겔파는 독일 의 기독교를 주된 비판 대상으로 삼았다. 포이어바흐는 종교란 인간이 현 실에서 겪는 고통을 잊으려고 자기들의 소망을 저 하늘 위에 있는 가상의 존재에 투영하는 것이라고 주장했다. 종교는 인간이 만들었고, 종교의 본 질은 이곳 현실의 토대다. 인간이 신을 위대한 존재로 떠받들수록 인간은 왜소하고 볼품없게 된다. 사람들이 종교의 본질을 깨달아 종교에 기대는 대신 자기 자신의 사회적 본성을 회복한다면 현실의 많은 문제들은 해결 된다고 포이어바흐는 생각했다.

청년 마르크스와 엥겔스는 한때 포이어바흐의 주장에 열광했지만, 얼 마 지나지 않아 뭔가 많이 부족하다는 사실을 깨달았다. 현실이 종교나 다른 관념들의 토대인 것은 맞다. 그런데 현실은 늘 그대로 있을까? 인간 과 사회는 언제나 그 모습 그대로 있을까? 아니다. 인간도 사회도 역사 속에 끊임없이 변화한다. 그렇다면 무엇이 인간과 사회의 변화를, 곧 역사 의 변화를 일으키는지 찾아야 한다. 그것을 찾아 거기 개입해야만 현실의 고통을 해결할 수 있다. 앞에서 말한 대로 역사의 큰 줄기는 인간이 노동 하고 생산하는 방식, 사회가 생산물을 교환하고 분배하는 방식에 따라 나 뉜다. 그리고 생산과 교류의 방식이 바뀌면 정치 구조, 이념, 문화도 함께 바뀐다. 그런데 어째서 한 시대의 생산 방식이 다른 생산 방식으로 바뀌는 걸까? 생산 방식 내부에 '모순'이 잠재해 있다가 폭발하기 때문이다.

마르크스는 나중에 《정치경제학 비판을 위하여》의 서문에서 역사 유물론을 좀더 정교하게 제시한다. 마르크스는 한 사회의 '생산력'과 '생산 관계'(마르크스는 이 둘을 합쳐 '생산 양식'이라 불렀다)의 모순이 혁명으로 폭발하면서 역사라는 기차를 달리게 한다고 말한다.

인간들은 자신들의 생활을 사회적으로 생산하는 가운데, 자신들의 의지로부터 독립된 필연적인 관계들, 즉 자신들의 물질적 생산력들의 일정한 발전 단계에 조응하는 생산 관계들이 들어선다. 이러한 생산 관계들의 총체가 사회의 경제적 구조, 실재적 토대이며 그 위에 법률적 및 정치적 상부 구조와 함께 일정한 사회적 의식 형태들이 들어선다. …… 인간들의 의식이 그들의 존재를 규정하는 것이 아니라 거꾸로 그들의 사회적 존재가 그들의 의식을 규정한다. 사회의 물질적 생산력들은 그 발전의 특정 단계에서 기존의 생산 관계들 혹은 이 생산 관계들의 법률적 표현인 소유 관계들과 모순에 빠진다. 이러한 관계들은 생산력들의 발전 형태였다가 이제는 족쇄로 바뀐다. 그때에 사회 혁명의 시기가 도래한다.[*]

수렵 채집 부족은 매일매일 식량을 겨우 구하는 정도의 생산력만 갖고 있으므로, 이런 사람들은 집단 노동과 집단 분배라는 원시 공동체적 생산 관계를 벗어날 수 없다. 그러나 옆 마을보다 더 많은 식량을 생산한 부족이 전사를 길러 옆 마을을 약탈하고 포로를 노예로 삼는다. 노예제 생산 관계가 나타난 것이다. 노예제 제국인 로마가 몰락하고, 중세 유럽은 작은 농촌 공동체 단위의 경제로 뒷걸음질한다. 그런 생산력 수준에서 영주가 농노를 지배해 농노의 생산물 일부를 강제로 가져가는 봉건적 생산 관계가 세워진다. 동력 기계와 자동 기계 덕분에 생산력이 거침없이 발달하면서 자본가가 노동자를 고용해 임금 노동을 시키는 자본주의적 생산 관계가 등장한다.

마르크스는 이 변화 과정을 '원시 공산제-고대 노예제-중세 봉건제-근대 자본주의'로 간단히 정리했는데, 말 그대로 단순한 정리인 만큼 너무 도식처럼 이해하지는 말자. 중요한 사실은 한 사회를 볼 때 우리 눈에 '확' 들어오는 정치 체제나 문화적 특징이 사실은 생산력과 생산 관계라는 '토대'에 따라 규정된다는 점이다. 마르크스는 《철학의 빈곤》에서 재미있는 말을 남겼다. "손절구는 봉건 영주가 있는 사회를 산출하고 증기 제분기는 산업 자본가가 있는 사회를 산출할 것이다." 정보통신 기술은 스티브 잡스가 있는 사회를 만들어냈다. 인간 장기마저 복제할 수 있는 3D 프린터는 어떤 사회를 창조할까?

그런데 생산력이 발달한다고 해서 자동으로 생산력에 걸맞은 사회가 등장하지는 않는다. 이미 존재하는 생산 관계의 지배층은 새롭게 나타난 생산력을 달가워하지 않기도 한다. 11세기 중국 송나라에는 세계 최고이자 최대인 제철 공장이 있었지만, 송나라 조정은 백성들 손에 병장기가 들어갈까 두려워 공장 문을 닫아버렸다. 이러다가 새로운 생산력을 주도하는 세력은 이미 있던 생산 관계 안에서 지배층에 맞서 반기를 들게 된다.

---

● 《칼 맑스 프리드리히 엥겔스 저작 선집 2》, 박종철출판사, 1992. 표현을 조금 다듬었다.

1498년 인도에 다다른 바스코 다 가마. 바스코 다 가마의 인도 항해는 중세의 문을 닫고 근대로 나아가는 계기였다.

여기서 마르크스는 헤겔의 변증법적 운동을 적용한다. 떠오르는 세력과 보수 세력은 계급 투쟁을 벌이고, 끓는 냄비 뚜껑을 돌로 눌러놓은 것처럼 양상이 격렬해질 때 혁명이 폭발한다. 혁명은 지배층하고 함께 지배적인 생산 관계를 파괴하고, 그 위에 새로운 생산 관계가 들어선다.

이런 과정을 부르주아지의 역사에 적용해보자. 부르주아지가 처음부터 잘난 인간들이거나 남들보다 '금욕'과 '절제'를 잘해서 지금처럼 된 게 아니다. 과거는 초라했다. 부르주아지의 선조는 농노 처지에서 겨우 탈출해 도시에 들어온 유랑민이었을 것이다. 차차 상인, 장인, 의사, 법률가, 문필가 등 '시민'으로 신분이 올라가다가 마침내 현대 사회의 지배 계급이 됐다. 그 과정이 순탄할 리 없다. 중세의 '듣보잡'이던 부르주아지가 성장한 배경에는 '생산과 교환의 혁명'이 놓여 있다. 신대륙을 발견하고 식민지를 획득하면서 시장이 커지자 봉건 시대의 공업과 춘프트 공업은 매뉴팩처 공업으로 바뀐 뒤 곧 기계 공업으로 탈바꿈했다. 그 생산력에 기대어 어느덧 경제력과 지적 능력을 갖추더니 여기에 어울리는 사회적 지위를 욕망하는 신흥 부르주아지와, 부르주아지가 자기들하고 같은 급으로 기어오르는 꼴을 결코 받아들이지 못하는 대토지 귀족들이 엎치락뒤치락 싸웠다. 산업혁명과 시민 혁명이 지나간 뒤, 역사의 승자는 바로 부르주아지였다.

그런데 《선언》에서 예로 드는 부르주아 사회에 가장 가까운 나라는 영국이었다. 유럽 대륙은 영국에 견주면 여전히 농업 사회에 가까웠다. 부르주아지가 어깨에 힘줄 만큼 성장한 나라는 영국, 잘해야 프랑스 정도였다. 하버드 대학교의 경제학 교수인 데이비드 랜즈에 따르면, 1850년을 기준으로 유럽 대륙 전체의 석탄 생산을 다 합쳐도 영국의 석탄 생산에 미치지 못했다. 그나마 영국도 수출품 대부분이 면직물이었다. 그러나 모든 유럽이 빠르게 대공업 체계로 바뀌어갔고, 19세기 후반에 이르면 미국과 독일 등 후발 공업국이 영국을 거의 따라잡는다.

부르주아지가 발전하는 단계마다 거기에 걸맞은 정치적 진보가 뒤따랐다. 봉건 귀족의 지배 아래에서 억압받는 계급이던 부르주아지는 중세의 코뮌[1]에서 무장한 자치 협회가 됐다. 여기서는 독립된 도시 공화국이었고(이탈리아와 독일), 저기서는 군주국에 세금을 내는 제3신분[2]이었다(프랑스). 그다음 엄밀한 의미의 매뉴팩처 시기에는 반봉건 군주국이나 절대 왕정에서 귀족에 맞서는 평형추 구실을 했지만, 사실 대체로 대군주국을 떠받치는 토대였다. 현대 공업과 세계 시장이 자리 잡은 뒤 현대 대의제 국가에서는 마침내 배타적인 정치적 지배권을 거머쥐었다. 현대 국가의 정부는 전체 부르주아 계급의 공동 업무를 처리하는 위원회일 따름이다.

—

1  '코뮌(commune)'은 '공유하다, 나누다, 모이다'는 뜻을 지닌 라틴어 '콤무니스(communis)'에서 나온 말이다. 중세 프랑스, 이탈리아, 독일 등에서 봉건 영주의 지배를 벗어난 어느 정도 자유로운 자치 도시 또는 자치 공동체를 가리킨다. 코뮌 구성원들은 자치권을 지키려고 무장하거나 다른 코뮌들하고 연합하기도 했다. 12세기 프랑스 북부에 많이 나타났고, 파리 같은 대도시에서는 자치 행정구를 부르는 말이 됐다. 1871년의 '파리 코뮌'은 국가 기관을 혁명으로 몰아내고 코뮌들이 자치적으로 시 정부를 구성한 사건을 말한다.
2  봉건 사회는 대개 세 신분으로 구성된다. 1신분은 기도하는 사람(성직자), 2신분은 싸우는 사람(기사, 귀족, 영주), 3신분은 일하는 사람(상인, 장인, 농민, 빈민 등)이다. 3신분은 1신분과 2신분이라는 특권 신분을 뺀 나머지 사람들을 가리켰다. 3신분의 상층부에 있는 부르주아지는 부와 재능을 이용해 출세를 꾀했지만 1신분과 2신분의 눈에는 똑같은 3신분에 지나지 않았다.

## 국가는 우리 전부의 것이 …… 맞을까?

《정치경제학 비판을 위하여》 서문에서 마르크스는 생산 관계라는 경제적 토대 위에 '정치적 상부 구조'가 들어선다고 했다. 상부 구조는 토대에 따라 성격이 규정된다. "부르주아지가 발전하는 단계마다 거기에 걸맞은 정치적 진보가 뒤따랐다"고 《선언》은 말한다. 부르주아지의 정치적 진보의 정점에 '부르주아 국가'가 있다. 헤겔은 시민사회를 초월하는 '보편적인 국가', 계급들의 이해관계에서 한발 물러선 중립적인 국가가 가능하다고 생각했다. 그렇지만 마르크스는 그런 국가가 존재할 수 있다고 생각하지 않았다. 마르크스에게 국가란 지배 계급의 이해관계를 관철하는 도구고, 그래서 "부르주아 계급 전체의 공동위원회"다.

태극기와 애국가에 가슴이 뛰는 사람이라면 이해할 수 없는 말이다. 어떻게 국가가 특정한 계급의 전유물이라는 말인가! 그런데 정말 국가란 무엇일까? 국민이나 국토, 정부는 우리 눈에 보이지만 '국가'는 직접 볼 수 없는 추상적 존재다. 그래서 국가의 정의를 둘러싼 논쟁이 많다. 마르크스주의에 정반대되는 시각에서는 국가를 국민을 부분으로 하는 커다란 한 몸으로 보기도 한다. 이런 '유기체 국가관'은 종종 전체주의나 독재를 합리화하는 논리로 쓰였다. 이승만 대통령은 '국부國父'라는 호칭을 즐겼고, 북한은 김일성 주석을 '어버이'라고 불렀다. 둘 다 유기체 국가관이 배경에 깔려 있었다.

마르크스의 국가관은 현대 국가의 복잡한 기능을 깔끔하게 설명한다고 하기는 힘들다. 그래도 두 가지는 얘기할 수 있다. 역사 유물론은 국가를 유기체적 생명체, 또는 영원불변한 운명 공동체로 여기는 생각이 착각이라고 알려준다. 국가도 역사적 발생 과정의 산물일 뿐이다.

마르크스의 안경을 빌리면 자본주의 사회에서 국가가 보이는 모습이 이해된다. '무노조 경영'은 삼성의 잘 알려진 기업 방침이다. 그런데 헌법 제33조에는 노동 3권(단결권, 단체교섭권, 단체행동권)이 명시돼 있다. 삼성은 헌법을 지키지 않겠다고 드러내놓고 말하는 셈이다. 그런데도 지금까지 어느 정부도 삼성을 처벌하기는커녕 경영 방침을 바꾸라는 권고조차 한 적이 없다. 국가가 부르주아의 이익을 위해 존재한다는 마르크스의 말은 과연 틀린 걸까?

역사상 부르주아지는 아주 혁명적인 구실을 했다.

부르주아지는 지배권을 거머쥐는 곳마다 봉건적이고 가부장적이고 목가적인 관계들을 모두 끝장냈다. 사람을 타고난 상전에 묶어놓던 지저분한 봉건제의 끈들을 무자비하게 잘라버렸고, 노골적인 이해관계와 냉정한 '현금 지불' 말고는 사람과 사람 사이에 아무 관계도 남기지 않았다. 종교적 열정, 기사도의 열광, 속물적 감상주의 같은 가장 거룩한 황홀경을 이기적 타산이라는 얼음처럼 차디찬 물속에 던져버렸다. 부르주아지는 인간의 가치를 교환 가치로 분해해버렸고, 특허장을 받은 만큼 결코 없앨 수 없는 저 많은 자유들을 단 하나의 뻔뻔한 자유, 곧 거래의 자유로 바꿔놓았다. 한마디로 종교와 정치라는 환상에 가려진 채 숨겨져 있던 착취를 적나라하고 파렴치하며 직접적이고 잔혹한 착취로 바꿔놓았다.

부르주아지는 지금까지 사람들이 존경하고 경외하던 모든 직업에 드리워져 있던 신성한 후광後光을 치워버렸다. 의사, 법률가, 성직자, 시인, 학자를 유급 임금 노동자로 바꿔버렸다.

부르주아지는 가족을 둘러싸고 있던 감정적인 장막을 찢어버리고 가족 관계를 단순한 화폐 관계로 만들었다.

반동주의자들이 그토록 감탄한 중세 때의 야만적인 힘의 과시가 어떻게 해서 게으르기 이를 데 없는 일상으로 적당하게 보완됐는지 부르주아지는 폭로했다. 인간이 하는 활동이 어떤 성과를 거둘 수 있는지를 처음 보여준 것도 부르주아지였다. 부르주아지는 이집트의 피라미드, 로마의 수로, 고딕 양식의 성당을 저만치 뛰어넘는 놀라운 기적들을 완성했으며, 지난날 일어난 민족 대이동이나 십자군 원정을 무색하게 하는 원정들을 수행했다.

생산 도구들을 대상으로 끊임없이 혁명을 일으키지 않으면, 그렇게 해서 생산 관계에 혁명을 일으키고 나아가 전반적인 사회 관계에 혁명을 일으키지 않으면 부르주아지는 생존할 수 없다. 반면 지금까지 모든 산업 계급은 낡은 생산 양식을 유지하는 것이 가장 중요한 존재 조건이었다. 생산의 끊임없는 변혁, 모든 사회 상태의 끊임없는 동요, 영원한 불안과 격동은 부르주아 시대를 다른 모든 시대하고 구별해준다. 고정되고 단단히 굳어진 모든 관계는 오래되고 신성한 편견과 견해들하고 함께 사라지고, 새롭게 만들어진 것들은 제자리를 찾기도 전에 모두 낡은 것이 돼버린다. 견고한 것은 모두 대기 속에 녹아버리고, 신성한 것은 모두 더럽혀지며,

> 인간은 마침내 자기의 삶과 사회 관계를 둘러싼 현실적인 조건들을 냉정한 눈으로 바라보지 않을 수 없게 된다.

## 마르크스, 부르주아를 '찬양'하다

현실 풍자 노래로 유명한 마르크스가 가요 오디션 프로그램에 출전했다.

"마르크스, 이번에 발표할 노래는 뭡니까?"

"'혁명가 부르주아'라는 곡입니다. (전주가 흐르고 랩 시작) 사랑! 돈으로 사면 되지! (코러스 "쇼 미 더 머니!") 꿈! 꿈꾸려면 돈이 들지! ("쇼 미 더 머니!") 자유! 돈 없으면 소용없지! ("쇼 미 더 머니!") 미래! 바로 나 부르주아지!"

《선언》은 부르주아지가 해온 '혁명적 구실'을 한참 칭찬한다. 부르주아지는 모든 것을 '상품화, 화폐화'하는 혁명을 수행했다. 이렇게 하려고 부르주아지는 과거의 전통, 관계, 가치들을 해체하고 생산 영역과 사회 전반을 끊임없이 혁신한다. 20세기 초 경제학자 조지프 슘페터가 자본주의의 동력이 '창조적 파괴'(기술 혁신으로 낡은 생산 요소를 도태시키고 새로운 요소를 창조하는 작업)라고 말하기 한참 전에, 마르크스는 부르주아보다도 더 정확히 부르주아의 속성을 꿰뚫어 봤다.

과거 사회도 피라미드나 고딕 성당 같은 놀라운 업적을 여럿 만들어 냈다. 그렇지만 자본주의 사회의 생산은 쓰려고 만드는 게 아니라 팔아서 이윤을 남기려고 만든다는 점에서 다르다. 자본가들은 이윤을 내지 못하면 망하기 때문에 쉬지 않고 최첨단 기술, 도구, 시스템을 들여와야 하고 새로운 시장을 개척해야 한다. 자본주의 사회에서 "모든 사회 상태의 끊임없는 동요, 영원한 불안과 격동"은 일시적인 현상이 아니라 사회가 존속하는 필수 조건이다.

상품화와 화폐화는 오늘날에도 거침이 없다. 결혼이 '결혼 시장'이 된 건 이미 오래전 얘기다. 결혼 중개 회사에 회원으로 들어가려면 많은 회비를 내야 하고, 만나고 싶은 사람의 집안, 학벌, 직장에 따라 프리미엄이 붙는다. 전쟁도 큰 시장이다. 미국이 중동에 폭탄을 퍼붓고 나면 건설업 분야 주식이 솟구친다. 사람이 많이 죽고 건물이 더 파괴될수록 기업은 큰돈을 번다. 지난날에는 아이 키우는 일이 자연스럽게 한 마을 어른들 전체의 몫이었지만, 요즘은 전문 기업에 돈을 주고 '육아 컨설팅'을 받는다. 요즘처럼 학교 폭력이 민감한 문제가 되면 '인성 검사'나 '주의력 결핍 과잉행동 장애 ADHD 검사'가 유망 사업 아이템으로 떠오른다. 검사에서 '폭력' 성향이 나타나는 아이들에게는 '조기 약물 치료' 시장이 기다린다.

제 나라에 상품이 없으면 국제 주문을 하면 된다. 서구의 불임 부부는 인도로 날아가 '합법적인' 대리모 제공 서비스를 이용한다. 전통적으로 국가 영역이고 공공 부문이던 사업은 조금씩 민간 기업으로 넘어간다. 철도, 가스, 상하수도, 심지어 치안이나 인명 구조도 민영화(사실은 사영화)된다. 자본주의에서 상품으로 만들 수 없는 한계선은 없어 보인다. 마르크스의 말처럼 우리의 모든 자유는 '거래(상업)의 자유' 하나로 수렴된다. 그러나 그 자유는 돈이 있어야 누릴 수 있다.

그런데도 이런 변화가 '혁명적'이라면 지금껏 이어지던 '숨겨져 있던' 착취를 '적나라한' 착취로 바꿔놓았기 때문이다. 부르주아 사회를 비난하며 과거를 낭만적으로 미화하는 사람들이 마르크스 시대에 있었다. 이 사람들은 중세의 장원 공동체나 수도원 공동체를 이상으로 얘기했다. 이런 모델도 넓은 의미의 '사회주의'로 불렸다. 마르크스는 이 '반동주의자'(과거로 돌아가자는 이)들도 경멸한다. '종교적, 정치적 환상' 속에 숨은 지배를 옹호하고 있기 때문이다. 중세 농노는 영주에게 세금을 내고 부역을 했으며 교회에 '십일조'를 냈다. 십일조에는 농작물은 물론 가축의 새끼, 직물, 와인, 치즈까지 들어갔다. 이런 의무를 다한 뒤에 농노들의 손에는 생산물의 3분의 1이 채 남지 않았다. 중세 기사와 귀족들은 이런 노골적인 착취로 생활을 유지하면서 모험을 하고 전쟁을 벌였다. 그 얘기들이 전설적인 '영웅담'이 됐다. 그 사람들이 그런 힘을 과시할 수 있던 것은 "게으르기 이를 데 없는 일상 생활"이 보장된 덕분이라는 점은 명명백백하다.

이렇게 마르크스는 부르주아지가 한 일을 인정한다. 자본주의를 그저 타락하고 사악한 것으로 묘사하는 데 그친 여러 사회주의자들하고 다른 점이다. 그런데 마르크스가 부르주아지의 혁명성을 드러내는 데는 이유가 있다. 부르주아지에 맞서 싸우는 프롤레타리아트의 혁명성을 이야기해야 하기 때문이다. 그래서 마르크스는 산업혁명을 이끈 영국의 산업 부르주아지와 정치적으로 급진적인 프랑스의 부르주아지를 하나의 부르주아지로 묶는다. 사실 영국의 산업 부르주아지는 정치적으로 그다지 급진적이지 않았고, 프랑스의 부르주아지는 대부분 자본가가 아니었다. 마르크스가 묘사한 부르주아지는 이런 일반화 덕분에 조금은 신화적인 겉모습을 띠게 됐다.

생산물을 팔 시장을 끊임없이 넓혀야 하는 필요 때문에 부르주아지는 전세계로 내몰린다. 부르주아지는 곳곳에 둥지를 틀어야 하고, 여기저기 정착해야 하며, 구석구석 거래를 터야 한다.

부르주아지가 세계 시장을 개척하면서 모든 나라의 생산과 소비는 세계적인 형태를 띠게 됐다. 반동주의자들은 무척 유감스러울 테지만, 부르주아지는 공업이 기반으로 삼고 있던 국민적 토대를 허물어뜨렸다. 오랜 세월을 견뎌온 국민적 공업들은 모두 파괴되거나 날마다 파괴되고 있다. 낡은 공업이 쫓겨난 자리에 문명화된 나라들이 모두 사활을 걸고 도입하려는 새로운 공업들이 들어선다. 이 공업들은 이제 그 땅에서 난 원료가 아니라 아주 먼 곳에서 가져온 원료를 가공하며, 그렇게 만든 생산물은 자국은 물론 전세계에서 소비된다. 국산품으로 채워지던 낡은 욕구들을 대신하는 새로운 욕구들은 아주 멀리 떨어진 나라와 풍토에서 난 생산물로 충족시켜야 한다. 지난날 지역적이고 국가적인 고립과 자급자족은 여러 국민들 사이의 전면적인 교류와 보편적인 의존에 자리를 내어준다. 물질적 생산뿐 아니라 정신적 생산도 마찬가지다. 한 국민의 정신적 창조물은 공동 재산이 된다. 국민적 일면성과 편협성은 더는 불가능해지며, 많은 국민 문학과 지역 문학에서 세계 문학이 생겨난다.

부르주아지는 모든 생산 도구를 발빠르게 개량하고 한없이 편리해진 교통수단을 활용해 가장 미개한 국민까지 모든 국민을 문명 속으로 빨아들인다. 값싼 상품은 부르주아지가 모든 만리장성을 무너뜨리고 야만인들이 외국인에게 품는 거세고 고집스런 증오까지 굴복시키는 힘 좋은 대포다. 부르주아지는 절멸하지 않으려거든 자기들의 생산 방식을 따르라고 모든 국민에게 강요한다. 이른바 문명을 너희들 한가운데에 도입하라고, 곧 부르주아가 되라고 모든 국민에게 강요한다. 한마디로 부르주아지는 자기 모습에 따라 세계를 창조하고 있다.

부르주아지는 도시가 농촌을 지배하게 만들었다. 거대한 도시들을 만들고 농촌 인구에 견줘 도시 인구를 빠르게 늘려 꽤 많은 사람을 백치 같은 시골 생활에서 구제했다. 농촌을 도시에 의존하게 만든 부르주아지는 마찬가지로 야만적인 나라들과 반야만적인 나라들을 문명화된 나라들에 의존하게 만들었고, 농업 민족들을 부르주아 민족들에, 동양을 서양에 의존하게 만들었다.

부르주아지는 인구, 생산 수단, 소유가 흩어져 있는 상태를 점점 더 없애버린다. 인구를 한데 몰아넣고, 생산 수단을 중앙에 모으며, 소유를 소수의 손안에 집중시킨다. 여기에 중앙 집권화된 정치가 필연적으로 뒤따른다. 이해관계, 법률, 정부, 세제를 서로 달리한 채 독립해 있거나 느슨하게 연결돼 있던 지방들이 합쳐져 한 국민, 한 정부, 한 법률, 한 국민적인 계급 이해, 한 국경, 한 관세 구역이 됐다.

## 자본주의는 원래 '세계화'했다고!

"부르주아지는 …… 생산과 소비가 세계적인 형태를 띠게 됐다." 세계화는 현대 사회의 특징이 아니다. 세계화는 이미 마르크스 시대부터 대세였다. 아니, 자본주의는 본질적으로 범세계적이다. "부르주아지는 자기 모습에 따라 세계를 창조하고 있다"는 문장은 이 점을 무자비할 정도로 정확히 표현한다. 전통적 상공업이 아무리 막으려 해도 '국민적 공업'과 '국지적 시장'들은 무너지고, 그 자리에는 범세계적 '생산-소비'가 들어선다. 19세기에 영국 맨체스터 공장 지대에서 밀려들어온 값싼 면직물은 물레에 기대어 수공업 생산을 하는 여러 나라의 직물 산업을 무너뜨렸다. 외국에서 들어온 기선과 철도는 마을과 마을을 오가며 물건을 파는 보부상을 몰락시켰다.

마르크스는 '문명 대 야만', '서양 대 동양', '도시 대 (어리석은) 농촌'이라는 이분법으로 세계를 나눠 앞의 것이 더 낫다고 보는 듯하다. 서구중심주의라는 근대의 한계에서 자유롭지 못한 셈이다. 마르크스는 영국의 식민 지배와 공업의 도입이 인도인에게 고통을 주기는 했지만 인도의 봉건 체제를 해체하는 데 긍정적 구실을 한다고 봤다.

부르주아지는 원료를 값싸게 구할 수 있는 곳, 싸게 만들 수 있는 곳,

물건을 팔아먹을 시장이 있는 곳이면 거기가 어디든 개척하고 서로 연결한다. 가장 먼저 성공한 나라가 영국이다. 영국은 인도를 식민지로 만들어 원료와 시장을 해결했다. 생산비를 낮춰 싸게 팔면서 어마어마한 수요도 만들어낸 덕분에 본국의 면직 산업이 폭발적으로 커졌다. 영국 군대가 인도 민중을 총칼과 대포로 위협해서 얻은 결과지만 말이다. 영국은 인도에 쌀 대신 면화를 기르게 강요하고 물레를 돌리는 전통 방식의 수공업을 금지했다. 결과는 끔찍했다. 세계 어떤 지역보다도 풍요롭던 인도에 흉년이 되풀이됐다. 영국 총독이 "인도인의 백골이 들판을 뒤덮었다"고 고백할 정도였다.

영국 산업혁명은 영국인이 잘나서, 영국에 석탄이 많이 나서 시작된 게 아니다. '영국-인도-그밖의 식민지'로 연결되는 세계 체제에 원인이 있다. 미국 사회학자 이매뉴얼 월러스틴은 이것을 '중심부/주변부의 국제적 분업 체제'라고 얘기했다. 폭력을 써 인도를 착취하지 않았으면 영국의 발전과 산업혁명도 불가능했다는 말이다.

이렇게 보면 선진국과 후진국을 나눠 선진국을 동경하며 '우리도 얼른 저렇게 돼야지!' 하는 태도는 한번 다시 생각해봐야 한다. 자본주의 세계화에서 선진국이 되는 일은 다른 나라를 후진국에 남도록 강요하는 일하고 같기 때문이다. 근대의 미명에 뼛속까지 유럽에 탈탈 털린 라틴아메리카와 아프리카는 아직도 식민 통치가 남긴 상처에 신음한다. 유럽은 식민지에서 가져온 종잣돈으로 근대화와 복지국가에 빨리 다다랐다. 마르크스도 자본주의 세계화가 결코 평등하지 않다고 말한다. 그 세계화는 "야만적인 나라들과 비야만적 나라들을 문명화된 나라들에, …… 동양을 서양에 의존하게" 만들기 때문이다.

마르크스는 정신적 영역에서도 세계화를 예견한다. '국민적 일면성, 편협성'은 불가능해지고 "세계 문학이 형성된다"고 한다. '세계 문학'은 독일 문호 요한 볼프강 폰 괴테가 앞장서 주장했다. 괴테는 국민 문학을 넘어 보편적 인간 가치를 담은 세계 문학이 탄생하리라고 기대했다. 이런 현상을 '문화의 세계화'로 이해해보자. 이 말은 세계가 하나의 획일적인 문화로 통일된다기보다는, 여러 문화가 서로 교류하고 섞여서 더 높은 수준에 이르리라는 기대를 담고 있다. 오늘날 전지구적 미디어와 소셜 네트워크 서비스Social Network Service, SNS 덕분에 문화 세계화의 속도가 어느 때보다 빠르다. 그렇지만 '한류' 열풍이 불고 싸이의 〈강남 스타일〉이 유튜브로 전세계에 퍼지는 일이 마르크스나 괴테가 예상한 수준에 어울리는지는 좀 생각해봐야 한다. 할리우드 영화 등 몇 나라의 상품이 세계 문화 시장을 지배하고 있는 현실도 문화 세계화의 본질에 의문을 품게 만든다.

자본주의 세계화가 개별 국가의 '국민성'을 강화하는 것은 하나의 역설이다. 마르크스는 독립적인 지방들이 "한 국민, 한 정부, 한 법률, 한 국민적인 계급 이해, 한 국경, 한 관세 구역이 됐다"고 한다. 생산과 소비는 세계화되는데 정치는 국민 국가로 수렴된다. 부르주아지는 아주 열심히 경제와 정치의 중앙 집중을 시도했다. 독일은 18세기만 해도 300개가 넘는 군주국, 제후국, 교회령, 자치 도시로 나뉘어 있었고, 영주들은 라인 강변에 저마다 요금소를 설치해 지나가는 상선마다 통행료를 받아 챙겼다. 상인들이 치를 떨지 않았을까? 자본주의가 발전하면서 독일의 분열된 독립국들은 관세 동맹으로 연결됐고, 이런 흐름은 1871년 정치적 통일로 이어졌다. 프랑스도 혁명이 일어나기 전에는 곳곳에 흩어진 교회령과 귀족이 다스리는 장원들은 도량형과 화폐마저 따로 썼다. 프랑스 혁명은 이런 지

영국의 산업혁명을 이끈 증기 기관차는 자본주의 세계화의 시작이다.

방성을 해체하고 나라를 통합해 거대한 단일 시장을 만들어냈다.

지방의 통합은 왜 국민 국가를 넘어서 '하나의 세계 정부'로 나가지 못
할까? 왜 세계화가 이 정도로 진행된 21세기에도 세계는 '한 국가'로 통합
하지 못할까? 그렇게만 된다면 국가 간의 전쟁이나 무역 갈등은 사라질
텐데 말이다. 언어 장벽과 문화 정체성의 차이도 있겠지만, 마르크스라면
이 문제도 부르주아지의 이해관계로 설명할 것이다. 부르주아지의 처지에
서는 국가와 국가 사이에 경계가 뚜렷하고 강한 정부가 있어야 국민들끼
리 경쟁을 부추기고 노동자를 통제할 수 있기 때문이다. 금융 자본은 0.01
초 단위로 세계 어디든 들어가지만, 해마다 가난한 이주자 수천 명이 지브
롤터 해협을 몰래 건너 유럽에 들어가려다 물에 빠져 죽고 미국과 멕시코

를 가르는 사막을 넘다 목숨을 잃는다. 2004년 애리조나 사막에서는 200구가 넘는 시신이 발견됐다.*

---

● 르몽드 디플로마티크 지음, 권지현 옮김, 《르몽드 세계사》, 휴머니스트, 2008을 참조했다.

부르주아지는 백 년도 채 안 되는 시간 동안 이 세계를 지배하면서 지난 모든 세대를 합친 것보다 더 규모가 크고 더 거대한 생산력을 창출했다. 자연력의 정복, 기계 장치, 화학을 응용한 공업과 농업, 기선, 철도, 전신, 세계 곳곳을 파헤친 개간, 운하 건설, 땅에서 솟아난 듯 늘어난 인구. 이런 생산력들이 사회적 노동의 품에서 잠자고 있다는 사실을 이전의 어느 세기가 알 수 있었을까.

우리는 이제 알게 됐다. 부르주아지를 길러낸 토대인 생산 수단과 교환 수단은 봉건 사회 안에서 태어났다. 이 생산 수단과 교환 수단이 발전해 특정한 단계에 이르면 봉건 사회가 생산하고 교환하던 조건들, 봉건적인 농업 조직과 제조업 조직, 곧 봉건적 소유 관계들은 이미 발전한 생산력에 더는 걸맞지 않게 됐다. 생산력의 발전을 촉진하는 대신 가로막는 족쇄로 바뀌어버렸다. 그 많은 족쇄들은 깨져야만 했고, 깨지고야 말았다.

그 자리에 자유 경쟁이 들어서고, 거기에 걸맞은 사회 제도와 정치 제도가 뒤따랐으며, 부르주아 계급은 경제와 정치를 지배하기 시작했다.

## 잠든 헐크를 깨운 부르주아지

마르크스는 재치 있게 말한다. "이런 생산력들이 사회적 노동의 품에서 잠자고 있었다니!"

'사회적 노동'이란 사회적으로 결합되고 조직된 노동이다. 그런데 인간이 하는 노동은 대부분 사회적 노동이다. 무인도에 갇힌 로빈슨 크루소는 모든 도구를 손수 만들어 썼겠지만, 사회적 존재인 우리들은 혼자 일하는 것처럼 보일 때에도 남들이 만든 도구를 들고 남들이 알려준 지식과 노하우를 이용한다. 지금 혼자서 이 글을 쓰고 있는 나도 남이 쓴 책을 읽고 남이 만든 워드프로세서 프로그램을 사용한다.

그런데 자본주의에 들어와 사회적 노동은 과거하고는 질적으로 다른 결과를 가져온다. "자연력의 정복, 기계 장치, 공업과 농업에 화학의 응용" 같은 일들이 어떻게 일어날 수 있었을까? 자본주의 생산의 특징, 곧 사적 소유에 바탕을 둔 자유 경쟁과 임금 노동 덕분이다. 이 문제는 마르크스 가 뒤에서 자세히 살펴본다.

여기에서는 마르크스가 사회 변혁의 원인을 '사회 안에서' 설명한다는 점이 중요하다. 생산력은 발전하는데 봉건적 생산 관계는 도리어 이런 움직임을 억눌렀다. 공장을 가진 부르주아지는 노동력을 바라는데 봉건 귀족들은 사람들을 농노로 제 땅에 매어두려 했다. 큰 배로 물건을 사고파는 상인들은 자유 무역을 하고 싶은데 장원의 영주들은 이런저런 세금과 통행료를 붙여 잇속을 채우려 했다. 이런 모순이 계급 대립을 불러왔다. 계급 대립이 날카로워지면 구시대의 지배층은 자기 이익을 보호하려고 한층 심하게 반동적 태도를 취하기도 한다. 프랑스 혁명 직전에 3신분이 거세게 저항하자 특권층은 부르주아지가 관직에 나오지 못하게 제한하려 들었다. 이런 반동적 태도는 바닥에 흥건한 기름 위에 불꽃을 튀겨 혁명이라는 폭발을 일으켰다.

혁명이 사회 내부에 쌓인 모순의 결과라는 말이 맞다면, 그 사회 안의 조건이 충분히 무르익지 않을 때 혁명은 불가능하다. 마르크스 시대의 몇몇 혁명가들은 이런 조건에 관심 없이 소수 정예의 무장봉기로 정부만 타도하면 자연스럽게 해방이 올 수 있다고 믿었다. 의인 동맹의 지도자 바이틀링도 그런 사람이어서 1839년 과격한 혁명가 블랑키가 파리에서 일으킨 봉기에 가담했다가 조직에 탄압을 불러왔다. 나중에 마르크스와 인터내셔널에서 대립하는 아나키스트 바쿠닌도 그랬다. 모든 정치권력을 악하다고 여긴 바쿠닌은 정치권력을 파괴하면 민중은 알아서 자유롭고 조화롭게

산업혁명 시대 영국의 공장. 자본주의는 놀라운 생산성을 보여주기 시작했다.

살아갈 수 있다고 생각했다.

마르크스는 역사 운동이 그렇게 주관적인 바람대로 흘러가지 않는다는 점을 경고했다. 프롤레타리아 해방은 먼저 모든 사람이 살림살이를 걱정하지 않아도 될 만큼 충분한 생산력을 갖춘 바탕 위에서 가능한 일이었다. 그리고 마르크스는 자본주의 대공업이 발전하면 그런 일이 벌어질 수 있다고 봤다. 그다음 발전한 생산력을 소수 특권층의 소유에서 사회 전체의 소유로 바꿔야 하는데, 그 일을 할 사람들이 바로 프롤레타리아트다. 이런 조건에 관심 없는 무모한 행동주의나 다 같이 공동체의 본성을 되찾으면 계급 갈등을 피할 수 있다고 떠벌리는 사변 철학자들을 마르크스는 경멸했다. 머릿속에서 그린 유토피아 마을의 설계도를 현실에 옮겨놓는

데 매달리는 유토피아 사회주의자들도 마르크스가 볼 때는 구제 불능이었다. 부르주아지가 지배 권력을 차지하게 된 과정을 자세히 설명한 마르크스는 이제 프롤레타리아 운동의 조건과 필연성을 밝히려 한다.

비슷한 움직임이 우리 눈앞에 펼쳐지고 있다. 부르주아식 생산 관계와 교환 관계와 소유 관계로 구성된 현대 부르주아 사회는 마법을 써서 그토록 거대한 생산 수단과 교환 수단을 불러냈지만, 마치 주문을 걸어 깨워낸 지하 세계의 힘을 더는 제어할 수 없게 된 마법사 같다. 지난 수십 년 동안 공업과 상업의 역사는 현대의 생산 관계에 맞서, 곧 부르주아지의 존재 조건이자 부르주아 지배의 존재 조건인 소유 관계에 맞서 현대의 생산력들이 벌인 반란의 역사일 뿐이다. 이 문제는 주기적으로 되풀이되고 점점 더 위협적이 돼 전체 부르주아 사회의 유지를 시험대에 올려놓는 상업 공황을 언급하는 것만으로도 충분하다. 공황이 닥치면 지금 만든 생산물이 대부분 파괴될 뿐 아니라 이미 만들어진 생산력도 주기적으로 파괴된다. 공황이 닥치면 지금까지 모든 시대에 불합리하게 보였을 전염병이 생겨난다. 바로 과잉 생산이라는 전염병이다. 사회는 갑자기 일시적인 야만 상태로 되돌아간다. 마치 기근 또는 파괴의 전면전이 모든 생활 수단의 공급을 차단한 것처럼 보인다. 공업과 상업은 파괴된 것처럼 보인다. 왜 그런 걸까? 너무 많은 문명, 너무 많은 생활 수단, 너무 많은 공업, 너무 많은 상업이 있기 때문이다. 한 사회가 제 뜻대로 처리할 수 있는 생산력은 이제 부르주아적 소유의 조건들이 발전하는 데 도움이 되지 못한다. 오히려 생산력은 이런 조건들이 감당할 수 없을 정도로 강력해져서 거꾸로 이 조건들이 생산력의 발전을 가로막는 족쇄가 되며, 생산력은 이 족쇄를 극복하자마자 전체 부르주아 사회를 혼란에 빠뜨리고 부르주아적 소유의 존재를 위태롭게 한다. 부르주아 사회의 조건들은 자기가 만들어낸 부를 포괄하지 못할 정도로 옹색해졌다. 그러면 부르주아지는 공황을 어떻게 이겨낼 수 있을까? 한편으로는 거대한 생산력을 어쩔 수 없이 파괴하며, 다른 한편으로는 새로운 시장을 정복하고 옛 시장을 더 샅샅이 착취하면서 공황을 이겨낸다. 다시 말해 더 폭넓고 더욱 파괴적인 공황이 다가오는 길을 열고, 공황을 미리 막을 수단을 줄여버리면서 공황을 이겨낸다.

부르주아지가 봉건제를 무너뜨릴 때 쓴 무기들이 이제는 부르주아지 자신을 겨누고 있다.

## 마법사 부르주아지, 곤란에 빠지다

마르크스는 부르주아 사회를 "주문을 걸어 깨워낸 지하 세계의 힘을 더는 제어할 수 없게 된 마법사"로 비유한다. 괴테의 《마법사의 제자》 이야기에서 빌려온 듯하다. 만날 물 긷고 밥하던 견습 마법사는 스승 마법사가 잠깐 외출한 사이 주문을 외어 빗자루에게 물을 길어오라고 시키는데, 멈추게 하는 법을 몰라 나중에는 집 안이 물바다가 된다는 얘기다. 부르주아 사회가 창조한 엄청난 생산 수단과 교류 수단, 곧 발전한 생산력이 바로 부르주아 사회를 붕괴시키는 원인이 된다는 비유다. 봉건 사회가 내부 모순으로 붕괴한 것처럼 부르주아 사회도 똑같은 운명으로 나아가고 있다.

'현대의 생산력이 벌인 반란'은 바로 공황이다. 마르크스에게 공황은 우연히 일어난 일도, 외부 충격 때문에 생긴 일도 아니다. 자본주의 체제의 내부 모순이 필연적으로 공황을 일으킨다. 물론 자본주의 이전에도 경기 불황은 있었다. 가뭄이나 홍수, 메뚜기 떼 등으로 농경지가 결딴나면 많은 사람이 굶어 죽었다. 외국 군대가 불 지르고 약탈해도 경제는 황폐해졌다. 그러나 자본주의 사회의 공황은 다르다. 생산 조건과 생산물이 그대로 있는데도 공황이 일어난다. 공장이 사라진 것도 아니고 기계도 언제든 돌릴 수 있다. 노동자들은 일하고 싶어하고 상품 진열대에는 물건이 가득하다. 그런데도 사람들은 실업자가 되고 굶주리며 물건은 팔리지 않는다. 공장은 문을 닫고 주식은 폭락한다. 무료 급식소 앞에 선 줄이 길어진다. '풍요 속의 빈곤'이 찾아온다.

마르크스가 《선언》을 쓰던 1847년 말에도 유럽은 공황을 겪고 있었다. 이미 19세기 초부터 거의 10년 주기로 공황이 되풀이되고 있었다. 경제학자들은 왜 사회가 "갑자기 야만 상태로 되돌아가는지" 뾰족한 답을 내놓지 못했다. 대부분 공황 직전에 나온 정부의 어떤 정책, 기술이나 유행의 변화, 자연 재해, 심지어 태양 흑점 등을 원인으로 내세울 뿐이었다. 그런 요소는 그때그때 일어난 공황은 설명할지 몰라도, 왜 공황이 주기적으로 되풀이되느냐는 의문을 풀어주지는 못했다. 21세기에 들어서도 경제학자들의 처지는 별로 달라지지 않았다. 2008년 월스트리트발 세계 금융 위기를 예측한 경제학자는 거의 없었으니 말이다.

공황 때가 되면 한쪽에서는 사람들이 굶주리고 다른 한쪽에서는 마르크스가 한 말대로 "거대한 생산력을 어쩔 수 없이 파괴"하는 어처구니없는 일이 벌어진다. 1930년대 대공황 때 미국 농부들은 실컷 가꾼 면화를 땅에 파묻었고, 캐나다에서는 밀을 불태웠으며, 브라질 사람들은 커피콩을 바다에 던졌다. 영국에서는 방직 공장의 방추 4분의 1을 폐기 처분했다. 한국은 1997년 외환 위기와 2008년 세계 금융 위기 때 많은 노동자가 회사에서 잘렸다. 자본주의 사회에서 실업은 그저 일이 없는 상태가 아니라 생존 수단을 빼앗기는 삶의 위기고, 따라서 생산력이 파괴되는 상황이다.

마르크스는 공황이 일어나는 이유로 '과잉 생산'을 든다. "너무 많은 문명, 너무 많은 생활 수단, 너무 많은 공업, 너무 많은 상업이 있기 때문"이라는 것이다. 역설이다. 19세기 초 몇몇 경제학자들은 한 나라의 생산과 소비는 반드시 일치한다고 믿었고(마르크스는 이 학자들을 '속류 경제학자'라고 불렀다), 따라서 과잉 생산이 구조적이고 반복적으로 일어난다고 생각할 수는 없었다. 과잉 생산에 따른 생산과 소비의 불균형을 처음 지적한 사람은 스위스 출신 경제학자 장샤를 레오나르 드 시스몽디다. 마르크스는 정치경제학을 연구하며 시스몽디를 열심히 공부했다. 소비자들이 소비할 수 있는 여력에 견줘 상품을 너무 많이 만들어져 어느 순간부터 생산이 정체되면, 노동자들은 일자리를 잃게 돼 소비가 더 위축되고, 그 결과 생산은 더욱 추락하는 악순환에 빠져든다는 게 과잉 생산에 따른 공황이다.

그 뒤 《자본》에서 공황을 좀더 깊이 살펴보는 마르크스는 자본주의 생산에 '이윤율의 경향적 저하 법칙'이 있다고 분석한다. 이 이야기를 하려면 이윤과 잉여 가치를 조금 길게 설명해야 한다. 이 문제가 좀더 궁금한 사람은 《자본》을 직접 읽어보기를 바란다.

여러분이 1만 원의 자본을 투자해 마지막에 1만 5000원을 남기면, 이때 5000원은 이윤이 된다. 자본주의에서 자본가는 누구나 이윤을 얻으려고 생산을 한다. 홈페이지에 공익이 어쩌고 나눔이 어쩌고 좋은 말을 써놓아도, 목표는 분명 이윤이다. 그런데 이 이윤은 어디서 올까? '싸게 사서 비싸게 팔'면, 이를테면 1만 원짜리 물건을 사서 5000원 비싸게 값을 매겨 팔면 이윤이 생길까? 자, 나만 그런 짭짤한 재미를 보게 다른 자본가들이 내버려둘 리가 없다. 내게 1만 원에 물건을 판 사람은, 사실 5000원짜리 물건을 1만 원 받고 비싸게 판 것일지 모른다. 그럼 내가 그 물건을 팔아 5000원의 이윤을 봤다고 해도 5000원의 손해도 봤으니 '쌤쌤same-same'이다. 이런 식으로는 이윤이 생기지 않는다.

마르크스에 따르면 자본가는 노동자의 '잉여노동'을 착취해 이윤을 얻는다. 자본가는 노동자에게 임금을 얼마 준다고 하고 고용 관계를 맺는데, 이 임금은 노동자가 고용된 기간에 먹고 입고 생활할 수 있는 비용(재생산 비용이라고 한다)이다. 그 임금이 월 200만 원이면, 노동자는 한 달에 200만 원 어치의 생산물은 반드시 만들어내야 한다. 이것을 '필요노동'이라고 한다. 그런데 노동자에게 딱 필요노동만 시키고 다정하게 "자네가 필요한 만큼 벌었으면 그만 퇴근하게" 하고 말하는 자본가는 있을 수 없다. 자본가는 노동자에게서 자기가 준 임금에 해당하는 노동 이상의 노동(잉여노동이라고 한다)을 뽑아내야 한다. 월 200만 원을 주기로 하고 실제로는 300만 원어치나 400만 원어치 일을 시키면, 임금을 넘어서는 노동 생산물은 '잉여가치'가 돼 자본가에게 돌아온다. 잉여노동을 뽑아내려면 노동 시간을 연장해도 되고 작업 속도나 노동 강도를 높여도 된다. 임금을 낮출 수 있을 만큼 낮춰도 된다. 방법은 얼마든지 있다. 어떻게 말하든 자본가는 노동자의 노동을 '착취'하는 것이다. 마르크스는 《자본》에서 바로 이 잉여 가치의 발생 과정, 착취의 메커니즘을 추적하고 있다. 한 논문에 따르면 한국 노동자들은 자기가 받는 임금의 3.7배 정도에 이르는 공짜 노동을 자본가에게 제공한다.* 자본가가 임금으로 200만 원어치 빵을 준다고 하고 노동자를 고용했다면, 그 노동자는 임금으로 되돌아올 몫까지 포함해 940만 원어치 빵을 만들어 자본가에게 갖다 바친다는 얘기다.

'이윤율의 경향적 저하 법칙'으로 돌아가자. 자본가는 경쟁하는 다른 자본가를 이기려고 첨단 기계나 시스템을 도입한다. 자기가 가진 자본에서 기계 등에 투자하는 몫이 커질수록 노동력 고용에 투자하는 몫은 상대적으로 줄어든다. 첨단 기계로 생산성을 높이면 처음에는 상품 가격을 내려 시장 점유율을 높일 수 있다. 그렇지만 다른 자본가들도 곧 같은 행동을 할 테니 그런 이익은 얼마 못 간다. 한편 노동력 고용을 줄이면 그만큼 착취할 노동력도 줄어들게 되고, 착취가 줄면 이윤도 줄어든다. 자본가는 경쟁 때문에 더 비싼 기계나 설비를 들이고 노동력을 줄이지만 그럴수록 이윤율(총투자 자본 대비 이윤의 비중)도 점점 떨어진다. 이것이 이윤율의 '경향적 저하'다. 자본가가 파는 상품을 소비자가 사야 이윤이 생기는데,

고용이 줄면 실업자가 늘어나니 상품이 잘 팔리지도 않는다. 결국 자본가의 투자가 멈추고, 생산이 중지되며, 실업이 늘고 소비는 줄어든다. 마르크스의 이런 분석은, 공황을 소비의 문제가 아니라 자본주의 생산의 구조적 문제로 본 점에서 다른 경제학자들을 앞섰다.

"부르주아 사회의 조건들은 자기가 만들어낸 부를 포괄하지 못할 정도로 옹색해졌다"는 말은 무슨 뜻일까? 마르크스는 자본주의에서는 '생산의 사회적 성격과 소유의 사적 성격 사이의 모순'이 발생한다고 했다. 노동은 점점 더 전 사회적으로 폭넓은 분업과 협력을 거쳐 진행되는데, 생산 수단은 소수가 독점하고 생산한 상품을 팔아 벌어들이는 이익도 그 소수가 차지한다.

'글로벌 아웃소싱'으로 생산이 세계화된 지금 그런 모습은 더 심해졌다. 미국의 경제지 《포브스》에 따르면 아이폰 한 대를 100만 원에 팔 때 애플이 58만 5000원을 가져가고, 삼성이나 인텔 등 부품 업체들이 7만 1000원을 가져가며, 중국 조립 업체와 수십 만 명이 넘는 중국 노동자들이 2만 3000원을 갖는다.** 이렇게 사적으로 소유된 자본은 점점 커지고 생산에 참여한 노동자들의 몫은 점점 줄어들면 경제에 불안 요인이 늘게 된다. 또한 자본가들은 자기가 차지할 이윤만 보기 때문에 자기가 하는 행동이 경제 전체에 어떤 영향을 미칠지 생각하지 않는다. 자본가들이 몰아치는 무

---

● 필요노동 대비 잉여노동의 정도(착취의 정도)를 '잉여가치율'이라고 한다. 한국의 잉여가치율은 2008~2010년 사이 약 370퍼센트다. 노동자는 임금의 3.7배에 이르는 잉여노동을 자본가에게 제공하는 셈이다(유철수, 〈한국의 잉여가치율 추이 1993~2010〉, 《마르크스주의연구》 9(4), 2012). 물론 기업과 노동 조건에 따라 실제 착취의 정도는 천차만별이다. 평균 수준에서 이해하자.
●● 〈샤오미 돌풍의 빛과 그림자〉, 《시사인》 2015년 1월 10일.

도로시아 랭의 렌즈에 잡힌 대공황. 〈화이트 엔젤 급식소〉(1933).

계획적이고 무정부적인 생산의 끝은 과잉 생산과 공황일 수밖에 없다.

그럼 부르주아지는 이 공황을 어떻게 극복할까? 앞서 말한 대로 밀, 면화, 방추 따위를 없애 남아도는 생산력을 줄이는 방법이 있지만, 더 확실한 수단이 있다. 바로 전쟁이다. 전쟁은 그동안 쌓아놓은 사회 인프라를 박살내고 다시 자본을 투자할 기회를 가져다준다. 그다음 방법이 "새로운 시장을 정복하고 옛 시장을 더 샅샅이 착취"하는 것이다. 가장 화끈한 새 시장은 식민지다. 마르크스가 한 예언대로 19세기 후반 유럽 자본주의 국가들은 앞다퉈 식민지 획득에 나섰고, 결국에는 자기들끼리 치고 박고 싸운 게 1차 세계대전이다. 1차 대전 뒤 살아난다 싶던 경제는 1929년 대공황으로 완전히 파탄이 나버렸다. 이때는 유럽 선진 자본주의 국가 안에서도 자본주의가 곧 망할지 모른다는 좌절감이 가득했다.

그러나 부르주아지는 자기에게 죽음을 가져다줄 무기를 벼려내는 데 그치지 않고 이 무기를 휘두를 사람들도 낳았다. 바로 현대의 노동자 계급인 프롤레타리아다.

부르주아지, 곧 자본이 발전하는 정도에 맞춰 프롤레타리아트, 곧 현대의 노동자 계급도 발전한다. 이 노동 계급은 일자리를 찾아야만 살아갈 수 있고, 자기들이 하는 노동이 자본을 증식시킬 수 있어야만 일자리를 찾을 수 있다. 자기를 조각조각 내어 팔아야만 하는 이 노동자들은 다른 모든 품목처럼 상품일 뿐이며, 따라서 똑같이 경쟁의 온갖 부침, 시장의 온갖 변동에 내맡겨져 있다.

기계가 폭넓게 쓰이고 분업이 자리 잡으면서 프롤레타리아의 노동은 개인성을 모두 잃었고, 따라서 노동자를 끌어들일 매력도 모두 잃어버리게 됐다. 노동자는 이제 기계의 부속품이 돼, 가장 단순하면서 가장 단조롭고 가장 손쉽게 익힐 수 있는 동작만 하게 된다. 그러므로 노동자 한 명을 생산하는 비용은 생계를 꾸리고 종족을 번식하는 데 필요한 생활 수단에 거의 전적으로 제한된다. 그러나 상품의 가격이 그렇듯 노동의 가격[1]도 노동의 생산 비용하고 같다. 그러므로 노동이 불쾌해지는 만큼 임금은 줄어든다. 더 나아가 늘어난 노동 시간 탓이든, 주어진 시간 안에 해야 하는 노동량이 증가한 탓이든, 기계 운전이 빨라진 탓이든, 기계를 더 많이 쓰고 분업이 확대될수록 노동의 고통은 늘어난다.

현대 공업은 가부장제에 기반을 둔 장인의 작은 작업장을 산업 자본가의 커다란 공장으로 바꿔버렸다. 공장에 몰려든 노동자 대중은 군대식으로 편제된다. 산업 군대의 사병이 된 노동자들은 장교와 하사관으로 짜인 완벽한 계급 제도의 감시를 받는다. 노동자들은 부르주아 계급의 노예이자 부르주아 국가의 노예이며, 날마다 시간마다 기계와 감독자, 그리고 무엇보다도 부르주아 공장주 자신의 노예다. 이윤이 목표이자 목적이라고 드러내놓고 선언하면 할수록 이 전제 정치는 더욱더 쩨쩨하고 혐오스럽고 잔인해진다.

육체노동에 필요한 숙련과 체력이 줄어들수록, 곧 현대 공업이 더 발전할수록 남성 노동은 여성 노동에 밀려난다. 나이와 성의 차이는 이제 노동 계급에게 사회적 효력을 더는 발휘할 수 없다. 나이와 성에 따라 들어가는 비용이 조금씩 다른 노동 도구가 된다.

공장주의 노동 착취가 끝나고 노동자가 현찰로 임금을 받자마자 부르주아지를 구성하는 다른 집단들, 곧 집주인 자영업자, 전당포 주인 등이 달려든다.

소기업가, 자영업자, 은퇴한 소매상 일반, 수공업자, 농민 같은 하층 중간 계급이 모두 점점 프롤레타리아로 전락한다. 쥐꼬리만 한 자본으로는 현대 공업을 경영하는 데 필요한 규모를 감당할 수 없어 대자본가들을 상대로 한 경쟁에서 완패할 수밖에 없고, 새로운 생산 방법이 나타나 자신만이 갖고 있던 전문 기술이 쓸모없어지기 때문이다. 이렇게 해서 프롤레타리아는 주민을 구성하는 모든 계급에서 보충된다.

—

1 여기서 마르크스는 노동자가 자본가에게 임금을 받고 제공하는 것을 '노동'이라고 하는데, 나중에 《자본》에서는 '노동'이 아니라 '노동력'이라고 정정한다. 둘의 차이는 이렇다. 임금이 '노동'의 대가라면 노동자는 자기가 생산한 것을 그대로 돌려받는 말과 같다. 그러나 자본가는 노동자의 '노동력'을 일정한 기간 쓰기로 계약하고 노동력을 재생산하는 데 필요한 비용만 임금으로 지급하는 것이다.

## 어디선가 나타나다, 프롤레타리아트

부르주아지는 프롤레타리아트의 임금 노동 위에서 산업 사회의 지배자가 됐지만, 동시에 자기 무덤을 파는 프롤레타리아트를 만들었다. 《선언》은 노동자 계급의 역사적 사명을 낙관적으로 제시한다. 그렇지만 노동자 개개인이 혁명적이라는 말도, 처음부터 노동자 계급이 혁명적 계급으로 등장했다는 얘기도 아니다.

노동자는 '일자리를 찾아야만' 먹고살 수 있고, 그 일자리는 '자본의 증식'에 달려 있다. 노동자들은 '자신을 조각내어 판매'하지 않으면, 곧 자기의 노동력을 고용주에게 팔지 못하면 살아갈 수 없다. 이런 점은 19세기의 공장 노동자나 오늘날의 편의점 알바 노동자, 최신 컴퓨터 프로그램 개발자나 막노동 일용직 노동자가 모두 같다. 노동자의 기준은 급여가 많고 적음이 아니라 임금이나 수수료 등을 받고 자기 노동력을 제공하는 데 있다. 그런 일을 하는 사람은 누구나 '노동자'다.

프롤레타리아트의 노동은 자본주의 이전의 노동하고 어떻게 다를까? 지난날 농부는 자기가 기른 농산물을, 신발 장인은 자기가 만든 짚신이나 가죽신 등을 내다 팔았다. 자기의 생산 수단을 가지고 자기의 노동 생산물을 판 것이다. 그러나 자본주의 사회의 노동자는 자기가 만든 상품이 아니라 '상품을 생산하는 능력', 곧 노동력을 판다. 그런데 이 노동력은 "다른 모든 품목처럼 상품"일 따름이다. 농산물을 다 못 판 농부는 남은 것을 자기가 먹으면 되고, 신발 장인은 자기 가족의 신발이라도 직접 만들어 신으면 된다. 그러나 우리 시대의 노동자는 토지나 공방 같은 생산 수단이 없으므로 오로지 자본가의 선택에 내맡겨져 있다. 취업을 못 해도, 직장에서 잘려도 큰일 난다. 마르크스는 이런 노동자의 상태를 '임금 노예'라고 했다. 고대의 노예는 자기가 생산한 모든 것을 주인에게 바치고 주인이 주는 식량과 옷가지를 받아 살아갔다. 노동자들도 자기의 생산물을 자본가에게 모두 주고 임금을 받아 의식주를 해결한다. 이 점에서는 노동자와 노예가 크게 다르지 않다(이런 임금 노예라도 되면 좋겠다는 청년들이 줄을 선 게 현실이다).

대공업에 들어간 프롤레타리아는 휙휙 돌아가는 기계 리듬에 맞춰 주어진 작업만 따라가야 한다. 마르크스의 시대에도 있었고 20세기에 보편화된 컨베이어 벨트라는 기술은 노동자를 더욱 단순한 '기계의 부속품'으로 만들었다. 기아자동차 광주공장은 작업 속도를 자꾸 높여 2014년 현재 평균 58UPH<sup>Unit per Hour</sup> 속도로 돌아간다. 한 시간에 자동차 58대를 뽑아낸다는 얘기다. 컨베이어 벨트 앞으로 1분에 한 대꼴로 자동차가 지나가는 동안 맡은 작업을 해치워야 한다. 이런 방식이 육체와 정신을 얼마나 피로하게 할지 생각해보라. 노동자 스스로 작업을 통제할 수 없는데다 이런 단순 작업은 공장 밖에서는 써먹을 곳도 없다. 노동자는 자립성을 잃고, 노동은 지루하고 매력 없는 일이 되고 만다. 마르크스는 《경제학 철학 수고》에서 이런 현상을 '노동의 소외'라고 불렀다. 노동자는 노동의 결과물에서도, 노동의 과정에서도, 심지어 인간 일반에서도 소외된다(얼마 전까지 경찰은 수배 전단에 '노동자형 외모'라는 말을 쓰다가 전국민주노동조합총연맹민주노총과 인권 운동가들이 항의하자 마지못해 고쳤다. 노동자를 남들만 못한 인격의 대명사로 본 셈이다).

여기서 마르크스는 "노동이 불쾌해지는 만큼 임금은 줄어든다"고 얘기한다. 마르크스는 여기서 '노동의 가격'이라는 표현을 쓰는데, 정확히 말하면 '노동력의 가격'이다. 노동력 상품의 가격은 노동자가 그 노동력을 재생산하는 데 필요한 비용, 곧 여러 생필품과 서비스를 사는 데 들어가는 비용이다. 여기에는 '종족 번식'에 드는 비용, 이를테면 아이를 키울 때 쓰는 양육비도 들어간다. 노동자가 아이를 낳아야 미래 노동력이 만들어질 테니까. 여하튼 이 비용이 임금인데, 생산성이 높아지면 생활 수단의 가격이 떨어지고 임금도 함께 떨어진다. 그러나 사회 발전에 더불어 필요한 생활 수단의 총량은 자꾸 늘어난다. 따라서 노동 강도가 높아지는 것 같은 정도로 노동자는 점점 가난해진다.

'노동자 계급의 궁핍화'는 오늘날 틀린 주장일까? 절대 수준에서 오늘날 노동자들의 생활 수준은 산업혁명 때의 노동자들보다 훨씬 나아졌다. 노동 생산성이 올라가며 실질임금이 늘었기 때문이다. 그렇지만 현대 사회에서는 '사람답게 사는 것'의 조건이 달라졌다. 기본 의식주 말고도 휴대폰, 자동차, 자녀 교육, 건강 관리, 문화생활 등 돈 들어가야 할 데가 크게 늘었다. 이런 조건을 충분히 누리는 것을 기준으로 빈곤한지 아닌지

19세기 영국의 비참한 노동 현실을 그린 그림.

19세기 영국 공장에서 일하는 어린 아이.

살펴보면 오늘날 노동자들의 처지가 나아졌다고 말하기는 어렵다.

작업의 기계화와 단순화는 여성 노동과 아동 노동을 대거 끌어들여 숙련된 남성 노동자의 지위를 무너뜨리고 전체 임금을 낮춘다. 노동자의 '노예화'는 더욱 빨라진다. 마르크스의 시대, 대공업이 나타나면서 고용주는 작업장을 완전히 지배하게 됐고 유사 이래 가장 잔인한 노동 착취가 벌어지기 시작했다. 1816년 영국 의회가 아동 노동의 실태를 조사할 때 어느 방적 공장의 책임자는 이렇게 증언했다.

"그 아이들을(견습공) 몇 살 때 데려왔습니까?"

"런던에서 온 애들은 7살에서 11살쯤이었습니다. 리버풀에서 온 애들은 약 8살이나 10살에서 15살쯤이었습니다."

"노동 시간은 얼마나 됐습니까?"

"아침 5시에서 밤 8시까지였습니다."

"하루의 정규 노동 시간이 15시간이었습니까?"

"예."

"어린이들은 앉아서 일했습니까, 서서 일했습니까?"

"서서 했습니다."

"공장에는 의자가 있었습니까?"

"하나도 없었습니다."●

---

● 리오 휴버먼 지음, 장상환 옮김, 《자본주의 역사 바로 알기》, 책벌레, 2000.

프롤레타리아트는 여러 발전 단계를 거친다. 태어나자마자 부르주아지에 맞서 투쟁을 시작한다. 처음에는 노동자 개인이, 그다음에는 한 공장의 노동자들이, 그다음에는 한 지역에 있는 같은 업종의 노동자들이 자기를 직접 착취하는 부르주아지 개인에 맞서 투쟁한다. 부르주아지가 강요하는 생산 조건이 아니라 생산 도구 자체를 공격하며, 경쟁하는 수입 상품을 파괴하고, 기계를 때려 부수며, 공장을 불 지르고, 몰락한 중세 노동자의 지위를 되찾으려 노력한다.

이 단계에서 노동자들은 여전히 곳곳에 뿔뿔이 흩어져 서로 경쟁하면서 갈라진 채 살아가는 지리멸렬한 대중일 뿐이다. 노동자들이 어쩌다가 좀더 단단하게 뭉치더라도 스스로 적극적으로 나서서 단결한 덕분이 아니라, 부르주아지가 단결한 결과일 뿐이다. 정치적 목적을 달성하려면, 부르주아지는 전체 프롤레타리아트를 움직이게 해야 하며, 또한 앞으로 얼마 동안 그렇게 할 수도 있다. 그러므로 이 단계에서 프롤레타리아트는 자기의 적이 아니라 자기의 적의 적, 곧 절대 군주제의 잔재인 지주, 비산업 부르주아, 소부르주아에 맞서 싸운다. 그렇게 해서 역사의 운동 전체가 부르주아지의 손안에 모여들고, 이렇게 얻은 승리는 모두 부르주아지가 거둔 승리가 된다.

그런데 공업이 발전하면서 프롤레타리아트는 그저 수적으로 늘어나기만 하는 게 아니다. 프롤레타리아트는 더 거대한 대중으로 모여들고, 힘이 커지며, 자기가 지닌 힘을 점저 더 깨닫게 된다. 기계가 이런저런 노동의 특징을 없애버리고 거의 모든 곳에서 임금을 똑같이 똑같이 낮은 수준으로 떨어뜨리면서, 프롤레타리아트 대열 내부의 온갖 이해관계와 삶의 조건은 점점 더 똑같아진다. 부르주아지들끼리 경쟁하는 일이 잦아지고 그 결과 상업 공황이 시작되면, 노동자의 임금을 점점 더 불안정해진다. 기계가 계속 개량되고 더욱더 빨리 발달하면서 노동자들의 삶은 점점 더 불확실해진다. 노동자 개인과 부르주아 개인 사이에 벌어지는 충돌은 점점 더 두 계급 사이의 충돌이라는 특성을 드러낸다. 이제 노동자들은 부르주아지에 맞서 결사체(노동조합)를 만들기 시작한다. 임금 수준을 유지하려고 서로 힘을 모으고, 앞으로 일어날 봉기에 대비해 미리 상설 연합체를 꾸린다. 곳곳에서 투쟁은 폭동이 돼버린다.

## 프롤레타리아트, 노동조합을 만들다

영국 역사가 E. P. 톰슨은 〈시간, 노동 규율, 산업자본주의<sup>Time, Work-discipline</sup> <sup>and Industrial capitalism</sup>〉에서 근대 공업이 도입되기 전 작업장에서 펼쳐진 '성 월 요일<sup>St. Monday</sup>' 문화를 소개한다. 그때는 주말에 술 마시고 퍼질러 놀다가 월요일에도 일터에 나오지 않고 쉬어버리는 노동자가 흔했다. 그렇게 화 요일, 수요일까지 하는 둥 마는 둥 하다 목요일과 금요일에 미친 듯이 일 하고 다시 주말에 맘껏 놀고……. 월요병에 시달리는 현대인들은 이 시절 이 아주 부러울 듯하다.

아직 숙련공 위주로 산업이 돌아가고 있어 노동자들이 주도하는 작업 장 문화를 고용주도 어쩔 수 없이 받아들였다. 고용주들은 작업장에 커다 란 시계를 놓아두고 시간이 늦으면 벌금을 매기는 등 노동 규율을 강제하 려 애썼다. 노동자들은 당연히 규율에 저항했다. 게임은 기계제 대공업이 끝내버렸다. 노동자는 기계 속도에 맞춰 움직이는 부속품이 되고 말았다.

기계가 숙련공의 기득권을 파괴하자 숙련공은 기계를 파괴했다. 이런 기계 파괴 운동을 '러다이트<sup>Ruddite</sup> 운동'이라고 하는데, 1811년 영국 노팅엄 주변의 면방적공들이 전설 속 인물인 '러드 장군'을 내세우며 자동 방적기 를 부순 사건에서 딴 이름이다. 이렇게 기계를 파괴하는 무리를 러다이트 라고 불렀다. 지배층은 엄벌로 나왔고, 1812년 영국 의회는 기계 파괴 행 위를 사형으로 처벌할 수 있는 법을 통과시켰다. 러다이트는 흔히 생각하 듯 기계를 악마로 여긴 어리석은 군중은 아니었다. 기계 파괴는 부르주아 지에 맞서는 투쟁의 한 방편이었다. 그러나 이런 행위는 오래가지 못했는 데, 무엇보다도 수공업자와 숙련공이 산업 노동자로 대체되는 큰 흐름을 막을 수 없었다. 노동자 대중은 규모가 아직 변변치 않은데다 흩어져 있었다. 노동자는 먼저 크고 단결된 계급으로 성장해야 했다. 이 일은 부르주아지가 할 수 있게 해준다. 부르주아지가 바란 것은 아니었지만 말이다.

한편으로 기계 공업이 성장하면서 노동이 단순해지고 동질화돼 노동자들의 처지도 비슷해졌다. 19세기 중반에도 춘프트 제도나 매뉴팩처 산업은 끈질기게 남아 있었지만, 결국 점점 해체됐다. 다른 한편으로 부르주아지들 덕분에 노동자들은 정치적 운동을 경험했다. 부르주아지는 자기의 '정치적 목적을 달성'하려고 노동자를 동원했다. 1832년 영국의 선거권 확대 운동이 좋은 사례다. 선거권을 가진 사람은 4퍼센트가 안 됐는데, 주로 대지주와 대자본가였다. 중소 자본가를 비롯한 부르주아지는 선거권 확대(완전 보통 선거가 아니라)를 요구하며 노동자들에게도 참여를 권유했다. 이 운동이 성공해 선거권과 피선거권이 확대되기는 했지만, 대상은 딱 부르주아지에 그쳤다. 재산에 따라 선거권을 주면서 노동자들은 사실상 배제됐다. 정치적으로 성장한 영국 부르주아지는 또 한 번 노동자들을 끌어들이는데, 이번에는 곡물법 폐지 운동이었다. 곡물법을 둘러싼 지주와 제조업자의 이해관계는 달랐다. 밀 가격을 높게 받고 싶은 지주는 곡물 수입을 제한하려 했고, 제조업자는 자유 무역을 바랐다. 제조업자들의 속내는 밀 값을 낮춰 임금을 깎는 것이었다. 노동자들도 빵값 부담을 덜게 되리라 생각해 부르주아지 편에서 함께 싸웠고, 1846년 곡물법은 폐지됐다. 이런 운동의 결과는 두말할 것도 없이 '부르주아지의 승리'였다.

그러나 이 모든 과정은 프롤레타리아 운동을 성장시켰다. 프롤레타리아트는 점점 더 큰 대중이 되고 정치적으로도 깨어나기 시작했다. 마침내 프롤레타리아트는 자기들의 조직, '부르주아지에 맞선 결사체'인 '노동조합'을 결성했다. 1831년 프랑스 리옹에서 일어난 실크 직공 조합의 봉기는 근대의 첫 노동 쟁의로 불린다. 실크 직공 수천 명은 임금 삭감에 항의해 파업을 일으켰고, 당당한 기세에 눌려 자본가들도 최저 임금제를 받아들이려 했다. 그러나 정부는 군대를 보내 노동자들을 탄압했고, 파업은 자연스럽게 봉기로 나아갔다. 노동자들은 "노예로 살 것인가 싸우다 죽을 것인가"를 외쳤지만 잔혹하게 진압되고 만다. 영화 〈레미제라블〉에서 〈민중의 노랫소리가 들리는가?<sup>Do you hear the people sing?</sup>〉를 부르며 바리케이드를 쌓는 사건은 리옹 봉기 이듬해에 파리에서 벌어진 일이다. 리옹 봉기의 영향을 받은 청년들은 '7월 왕정'을 타도하고 공화정을 세우기로 마음먹었다.

> 낡은 세상을 장사 지낼 수의壽衣/ 그때 우린 그 수의를 짤 테요/ 왜냐고? 벌써 저기 거역의 함성이 우렁차게 들리니 말이오/ 우리는 비단 짜는 견직공/ 우린 이제 헐벗지 않을 거야
> — 리옹 견직공의 노래●

지역의 노동조합은 전국적이고 국제적인 '상설 연합체'로 나아간다. 《선언》이 나오고 16년, 1864년 국제노동자협회 인터내셔널이 탄생했다. 1890년 5월 1일에는 미국과 유럽에서 8시간 노동제를 요구하는 큰 시위가 벌어졌다. 자본가들과 정부는 노동조합을 순순히 인정하지 않았다. 프랑스 대혁명의 자식이기도 한 나폴레옹은 그 유명한 〈나폴레옹 법전〉에 소유권을 보장하는 법률을 800여 개나 만들면서 노동조합은 불법화했다. 영국은 1825년까지 '단결금지법'으로 노동자의 집단행동을 엄하게 처벌했다.

---

● 에릭 홉스봄 지음, 정도영·차명수 옮김, 《혁명의 시대》, 한길사, 1998.

어쩌다 노동자들이 승리하기도 하지만, 일시적인 승리일 뿐이다. 투쟁이 맺는 진짜 열매는 눈앞에 보이는 결과가 아니라 끊임없이 확대되는 노동자들의 단결이다. 이런 단결은 현대 공업이 만들어낸 발달한 교통수단이 각각 다른 지역의 노동자들을 서로 연결하면서 더욱 확대된다. 이런 연결 덕분에 똑같은 성격을 띤 많은 지역 단위의 투쟁이 전국 차원의 계급 투쟁으로 집중될 수 있다. 그런데 모든 계급 투쟁은 정치 투쟁이다. 중세 자치 도시의 시민들이 허술한 지방 도로망에 기대어 여러 세기에 걸쳐 일궈낸 단결을, 현대 프롤레타리아트는 철도 덕분에 몇 년 만에 성취하게 된다.

이렇게 계급으로, 나아가 정당으로 조직된 프롤레타리아트는 노동자들 사이에 벌어지는 경쟁 때문에 끊임없이 고꾸라진다. 그렇지만 그럴 때마다 더 강하고, 더 단단하며, 더 강력한 모습으로 다시 일어선다. 조직된 프롤레타리아트는 부르주아지 내부의 분열을 활용해 노동자의 특수한 이해관계를 법률로 인정하게 만든다. 그 결과 영국에서 10시간 노동법이 통과됐다.

### 왔노라, 단결했노라, 투쟁했노라

"투쟁이 맺는 진짜 열매는 …… 노동자들의 단결이다." 인간을 '호모 이코노미쿠스'(경제적 이익을 추구하는 인간)로 보기만 하는 사람들은 어째서 노동자들이 고용주나 정부에 맞서 '불리한' 싸움을 하는지 이해하지 못한다. 또한 노동자들이 왜 탄압을 당해 패배하면서도 다시 조직되는지 알 수 없다. 이해할 수 없으니 '배후에 누가 있다'고 생각한다. 그렇지만 마르크스가 말한 대로 노동자들은 투쟁을 통해 자기들이 한 사람의 '종업원'일 때는 약하지만 단결한 '계급'일 때는 강하다는 사실을 깨닫게 된다. 임금 몇 푼하고 바꿀 수 없는 소중한 각성이다.

"모든 계급 투쟁은 정치 투쟁"이라는 마르크스의 말은 조제프 프루동

같은 이들을 향한 반박이다. 프루동은 노동자가 겪는 가난이나 불평등은 상호 부조식 협동조합을 만들어 해결할 수 있다고 봤다. 계급 갈등을 경제 영역에서 조화롭게 풀 수 있다는 얘기다. 그렇지만 마르크스는 자본주의 경제의 불평등이 부르주아지의 정치적 지배를 낳고 그 정치권력이 경제적 불평등을 더 단단하게 만든다고 봤다. 따라서 계급 투쟁은 경제 영역에서 벌어지는 투쟁일 뿐 아니라 필연적으로 정치권력에 맞선 싸움이 되고, 또 그래야만 한다는 것이다.

마르크스 시대 노동자들이 정치 투쟁으로 나아간 대표 사례는 1830~1840년대 활발하게 펼쳐진 영국의 차티스트 운동을 들 수 있다. 차티스트Chartist란 남자 보통 선거권, 비밀투표, 매년 의회선거, 의원 재산 자격 폐지, 세비 지급, 평등한 선거구 등 6개 요구를 담은 '인민 헌장People's Chart'을 실현해달라고 요구한 사람들이다. 차티스트들은 노동자를 위한 법을 통과시키려면 투표권이 필요하다고 여겼다. 이 운동의 구심인 '전국헌장협회'는 첫 노동자 '정당'이라고 부를 만한 대중성이 있었다. 차티스트들은 노동 시간을 줄이자고 요구하는 청원과 시위도 벌였다. 흥미롭게도 영국 지주들은 제조업자들을 견제하려는 생각에서 노동 시간을 줄이는 데 찬성했다. 노동자들은 이런 지배층의 분열을 이용해 효과적으로 투쟁했고, 1846년에는 노동 시간을 하루 10시간으로 제한하는 법이 의회를 통과하는 데 성공했다.

낡은 사회 내부에서 여러 계급 사이에 벌어지는 충돌은 갖가지 방식으로 프롤레타리아트의 발전 과정을 촉진한다. 부르주아지는 끊임없는 투쟁에 말려든다. 처음에는 귀족 계급에 맞서 투쟁하고, 그 뒤에는 공업의 진보에 대립하는 이해관계를 지닌 다른 부르주아 집단에 맞서 투쟁하며, 외국의 부르주아지에 맞서 언제나 투쟁한다. 이런 모든 투쟁에서 부르주아지는 프롤레타리아트에게 호소하고, 도움을 구하며, 프롤레타리아트를 정치 투쟁에 끌어들여야 한다는 점을 알게 된다. 따라서 부르주아지는 자기들이 지닌 정치적 교양과 일반적 교양의 요소들, 곧 부르주아지에 맞서 싸울 무기들을 프롤레타리아트에게 준다.

나아가 지금까지 살펴본 대로 지배 계급을 온전하게 구성하고 있던 부분들이 공업이 진보하면서 프롤레타리아트로 추락하거나 적어도 생존의 조건을 위협받게 된다. 이런 계층들도 프롤레타리아트에게 계몽과 진보라는 신선한 자극을 건넨다.

마침내 계급 투쟁에 결전의 시간이 다가오면 지배 계급의 내부, 실제로는 낡은 사회의 전체에서 일어나던 해체 과정이 격렬하면서도 날카로운 모습을 띠게 되며, 지배 계급의 일부가 떨어져 나와 혁명 계급, 곧 미래를 손안에 쥐고 있는 계급에 결합한다. 그렇게 해서 지난날 몇몇 귀족 계급이 부르주아지로 넘어갔듯이, 지금은 부르주아지의 일부가, 특히 역사의 운동 전반을 이론적으로 이해하는 수준에 힘겹게 다다른 몇몇 부르주아 이데올로그[1]들이 프롤레타리아트로 넘어온다.

오늘날 부르주아지에 직접 맞서는 모든 계급 중에서 오직 프롤레타리아트만이 진정으로 혁명적인 계급이다. 다른 계급들은 현대 공업을 맞닥뜨린 뒤 쇠퇴하다 마침내 사라지지만, 프롤레타리아트는 현대 공업이 낳은 특별하고 필수적인 산물이다.

하층 중간 계급, 곧 소규모 공장주, 자영업자, 수공업자, 농민은 모두 중간 계급의 떨거지라는 자기 존재를 파멸에서 건져내려 부르주아지에 맞서 싸운다. 따라서 이 계급은 혁명적이지 않고 보수적이다. 게다가 반동적이기도 해서 역사의 수레바퀴를 거꾸로 돌리려 한다. 자기가 프롤레타리아트로 전락할 위험이 눈앞에 닥칠 때만 하층 중간 계급은 혁명적이 된다. 이런 식으로 현재의 이해관계가 아니라 미래의 이해관계를 옹호하며, 자기 계급의 관점을 버리고 프롤레타리아트의 관점을 취한다.

룸펜 프롤레타리아트[2]라는 위험한 계급, 낡은 사회의 가장 밑바닥에 내팽개쳐져 수동적으로 썩어가는 대중은 프롤레타리아 혁명을 만나 여기저기에서 운동에 휩쓸리기도 하지만, 삶의 조건 탓에 반동적 음모의 도구로 매수되기가 더 쉽다.

—
1  특정 계급이나 당파의 의견을 대변하는 이론적 지도자나 지식인을 말한다.
2  룸펜(lumpen)은 독일어로, 원래 넝마나 누더기라는 뜻이다. 룸펜 프롤레타리아트란 실업과 극빈 상태에서 무
기력하게 하루하루를 살아가는 사람들을 가리킨다. 마르크스는 이 사람들이 계급으로 단결하기 힘들다고 봤다.

## 부르주아가 노동자를 혁명가로 만든다

프롤레타리아트가 아닌 계급들이 프롤레타리아트에게 자기들의 '교양 요소'를 전해준다고 한다. 교양 요소란 폭넓은 개념인데, 기본 소양부터 혁명적 사상까지 들어간다.

민주화 운동 시대에 '야학'은 운동권 대학생이 노동자와 빈민의 정치의식을 각성시키는 공간이었다. 야학에서는 한글도 가르치고 검정고시 준비도 도왔지만, 더 중요한 학습은 철학, 사회과학, 정세 교양이었다. 야학을 다니며 세상에 눈뜬 노동자들은 노동조합 활동과 민주화 운동에 뛰어들었고, 종종 자기를 가르친 대학생보다 더 혁명적인 투사가 됐다. 5·18 광주민중항쟁 때 적극적인 구실을 한 '들불야학'을 예로 들 수 있다. 들불야학에 다니는 강학講學(가르치고 배운다는 뜻으로 야학 교사들이 자신을 부르던 말)과 학생(젊은 노동자들과 집안 형편 탓에 학교를 못 다니는 청소년들)들이 한 팀이 돼 〈투사회보〉라는 유인물을 만들어 뿌렸고, 많은 사람이 시민군이 돼 계엄군에 진압되는 순간까지 도청을 지켰다.

꼭 진보적인 목적 때문이 아니더라도, 부르주아지는 자기네 이익을 위해 노동자들에게 교양 요소를 건네야 했다. 읽고 쓰고 수를 셈할 줄 알고, 나아가 '윤리'나 '역사'를 배워 부르주아지가 어째서 존중받을 만한지 아는 노동자가 필요했다. 차츰 부르주아지들은 유능한 노동자를 키우려면

99

어릴 때부터 노동과 교육을 결합해야 한다고 생각하게 됐다. 19세기 후반 영국 공장법에는 아동의 초등 교육을 의무로 하는 조항이 들어갔다.

"지배 계급의 일부가 떨어져 나와 혁명 계급에 결합한다." 아무래도 마르크스와 엥겔스 자기들 얘기 같다. 마르크스는 부르주아 집안 출신이고 아내 예니는 귀족 출신이다. 마르크스는 가난한 형편에도 딸들을 부르주아 교양과 예법을 가르치는 비싼 '숙녀학교'에 보낼 정도로 사생활에서는 부르주아 습속을 벗지 못했다. 잘나가는 면직물 회사를 경영한 엥겔스는 말할 것도 없다. 그러나 두 사람은 "역사의 운동을 이론적으로 이해하는 수준에 다다른" 부르주아 지식인으로 평생을 프롤레타리아 운동에 바쳤다. 여기서 잠깐! '교양 요소'를 노동자 계급의 외부에서 내부로 전달한다는 마르크스와 엥겔스의 시각은 지나친 계몽주의 아닐까?

계몽주의, 맞다. 마르크스와 엥겔스가 살던 근대 유럽 사회는 계몽의 시대였다. 교양 있는 지식인이라면 누구나 이성의 능력이 무한하다는 믿음을 공유했다. 필요한 것은 그 이성을 제대로 쓰는 일이었다. 철학자 임마누엘 칸트는 《계몽이란 무엇인가》에서 "계몽이란 미성숙 상태에서 벗어나는 것이다. 미성숙 상태란 다른 사람의 지도 없이 자기의 지성을 사용하지 못하는 무능력한 상태다"라고 했다. 노동자들이 바로 그런 미성숙 상태에 놓여 있었다. 마르크스에게 노동자들의 이런 상태는 당연히 그럴 수밖에 없는 상태다. 마르크스는 《독일 이데올로기》에서 "의식이 생활을 규정하는 게 아니라 생활이 의식을 규정한다"라고 했다. 깨어 있는 시간의 대부분을 공장에서 일해야 하는 노동자가 역사고 나발이고 생각할 겨를이 있을까? 누군가 자기 사명을 깨닫게 해줘야 노동자들은 혁명적 계급으로 거듭날 수 있다. 이게 바로 공산주의자의 과제다. 먼저 노동자들이 계몽돼 스스로 자기의 지성을 사용하고 계급 의식을 갖게 되면 당연히 자기를 해방시키는 운동에 나서게 되리라고 마르크스는 믿었다.

그 믿음은 "부르주아지에 직접 맞서는 모든 계급 중에서 오직 프롤레타리아트만이 진정으로 혁명적인 계급이다"라는 문장에 잘 나타난다. 이 믿음의 근거는 뒤에 나온다. 여기서는 마르크스가 다른 계급을 어떻게 평가하는지 살펴보자. 먼저 중간 계급, 곧 농민이나 소상공인은 자기의 존재 조건을 지키려 한다. 소토지, 소공장, 소상점 등 조그만 재산에 집착하며 대공업 발전이라는 역사의 진행을 거스르려 든다. 한편 만성 실업자, 부랑자, 건달, 성매매 여성 같은 룸펜 프롤레타리아트를 마르크스는 몹시 부정적으로 봤다. 계급으로 조직되지도 않고, 무질서하며, 반동에 동원됐기 때문이다. 오늘날 파업 현장에 투입되는 용역 깡패들이 대표적인 룸펜 프롤레타리아트다.

노동자 계급만이 혁명적이고 다른 계급은 보수적일까? 그렇지 않은 사례도 많다. 중국 공산당과 국민당이 내전을 벌일 때, 마오쩌둥은 농민에 근거해 게릴라 투쟁을 펼쳤다. 중국 공산당 주류는 마르크스를 교조적으로 해석해 도시 노동 계급을 혁명의 중심으로 강조했지만, 농민 인구가 절대다수인 중국에서 마오쩌둥의 노선이 옳았다는 사실이 실천으로 증명됐다. 2011년 미국에서 벌어진 '월스트리트 점령 운동' 때는 공원에서 먹고 자며 농성하는 '프레카리아트precariat' 청년들이 전세계의 눈길을 끌어모았다. 프레카리아트란 '불안정한precarious'과 '프롤레타리아트'를 합친 말로, 불안정 노동과 실업을 왔다 갔다 하는 사람들이다. 신자유주의 노동 구조 속에서 백수와 알바를 오가는 '반 노동자 반 잉여'인 사람들, 프레카리아트는 그저 룸펜 프롤레타리아일까? 새롭게 떠오르는 저항 세력일까?

프롤레타리아트의 조건 속에서 낡은 사회를 특징짓던 일반적인 조건은 사실상 이미 사라져버렸다. 프롤레타리아는 재산이 없다. 아내와 아이들 사이에 맺어진 관계도 부르주아의 가족 관계하고는 아무런 공통점이 없다. 현대적인 공업 노동, 자본에 종속되는 현대적인 노동 관계는 프랑스, 영국, 독일, 미국에서 똑같이 나타나 프롤레타리아트의 국민적 속성을 모두 빼앗아버렸다. 법률, 도덕, 종교란 프롤레타리아트에게 그저 많은 부르주아적 편견의 하나일 뿐이며, 그 뒤에는 거기에 맞먹는 부르주아지의 이해관계들이 감춰져 있다.

지금까지 모든 지배 계급은 자기들이 소유권을 확보한 조건에 사회 전체를 종속시켜 이미 획득한 지위를 탄탄히 하려 했다. 프롤레타리아트는 자기를 둘러싸고 있던 소유 양식을 폐지하는 데 그치지 않고 지금까지 있던 모든 소유 양식을 폐지해야만 사회의 생산력을 지배할 수 있다. 프롤레타리아에게는 지켜내고 강화해야 할 소유물이 없다. 지금까지 사적 소유를 보호하고 보장하던 것들을 모두 파괴하는 임무만 있을 뿐이다.

지금까지 일어난 역사 운동은 모두 소수의 운동이거나 소수의 이해관계에 따른 운동이었다. 프롤레타리아트의 운동은 거대한 다수의 이해관계에 따라 거대한 다수가 자기 의식적이고도 독자적으로 펼치는 운동이다. 프롤레타리아트는 이 사회의 가장 밑바닥 계층으로서, 공적 사회를 구성하는 윗대가리들을 모두 허공으로 날려버리지 않으면 일어서지도 못하고 허리를 펴지도 못한다.

내용은 그렇지 않지만 형태를 보면 부르주아지에 맞선 프롤레타리아트의 투쟁은 처음에는 한 나라를 무대로 한다. 각국의 프롤레타리아트는 당연히 자기 나라의 부르주아지를 가장 먼저 끝장내야 한다.

프롤레타리아트의 발전을 가장 일반적인 단계에 따라 그려 보면서, 우리는 사회의 내부에서 조금은 은폐된 채 펼쳐지던 내전이 공개된 혁명으로 터져 나오고 부르주아지를 폭력적으로 타도해 프롤레타리아 지배의 토대를 닦는 곳까지 추적했다.

## 프롤레타리아트, 혁명으로 내몰리다

마르크스는 《자본》을 쓸 때 영국 의회에 제출된 노동자들의 상태에 관한 엄청난 양의 보고서를 읽고 발췌하고 논평을 붙였는데, 여기에는 부르주아지의 착취를 향한 분노, 노동자의 소외와 가난과 개성의 실종에 건네는 연민이 잘 나타나 있다. "자본주의 생산은 모든 면에서 인색하지만, 인간 소재에 대해서는 매우 낭비적이다." 인간을 쓰다가 버리는 부품으로 여기는 자본주의를 마르크스는 이렇게 비꼬았다. 그러나 마르크스는 혁명의 정당성을 노동자들의 고통에서만 찾지는 않는다. 자본주의 체제에 들어있는 모순이 필연적으로 폭발할 수밖에 없다는 사실을 증명하려 한다. 노동자는 혁명을 일으킬 수밖에 없다. 부르주아 사회가 노동자들을 혁명으로 내몰고, 혁명에 성공할 수 있는 조건들을 만들어주기 때문이다.

프롤레타리아가 혁명에 나서게 되는 이유는 뭘까? 첫째, '지켜내고 강화해야 할 소유물'이 없기 때문이다. 토지도 없고, 가게도 없고, 자본도 없다. 한마디로 더 잃어버릴 게 없다. 둘째, "자기를 둘러싼 소유 양식을 폐지하는 데 그치지 않고 지금까지 있던 모든 소유 양식을 폐지해야만 사회의 생산력을 지배할" 수 있기 때문이다. 사회적 부를 공유하려면 사적 소유를 없애야 하는데, 자본가의 사적 소유를 유지하는 제도가 바로 '임금 노동'이다. 노동자가 임금 노동 안에서 한두 푼 더 벌려고 아등바등 경쟁할수록 자본가의 힘은 더 커지고 노동자의 상대적인 힘은 더 줄어든다. 그러니 임금 노동이라는 방식을 없애야 한다는 얘기다.

지난날의 반란자들은 지배 계급에 맞서 싸워 승리하더라도 지배 자체를 없앨 수 없었다. 오히려 "자기들이 소유권을 확보한 조건에 사회 전체를 종속"시켜 새로 얻은 지위를 보장하려 했다. 이를테면 기원전 73년에 스파르타쿠스가 이끄는 노예 집단이 반란을 일으켜 승리했다면 로마인들을 자기 대신 노예로 부리려 했을 것이다. 그 수준의 문명을 유지하려면 노예에 기대지 않을 수 없기 때문이다. 그렇지만 프롤레타리아트는 자기들이 새로운 착취자가 되는 게 아니라 착취 관계 자체를 없애는 데 이해관계가 있다. 자본주의적 생산 방식은 과거 어느 시대보다 사회화돼 있어 생산을 공동으로 계획하고 관리할 때 최대의 부를 만들어낼 수 있기 때문이다. 개별 자본가들에게 생산을 맡기면 생산의 아나키 상태를 낳고 되풀이되는 공황에 직면할 뿐이다. 모든 사적 안녕과 사적 보장을 파괴하라는 말은 노동자들이 가진 조그만 저금통을 부수고 토끼집 같은 거처를 없애라는 게 아니라, 생산 수단의 사적 소유를 없애고 사회화하자는 얘기다.

그러나 꼭 그 길만이 전부일까. 노동자들도 '자본가'가 될 수 있는 사회가 더 좋은 게 아닐까. 정부가 창업 교육의 기회를 많이 주고, 은행에서 창업 대출을 확대하면 어떨까. 맨손으로 대기업을 일구는 호랑이 담배 피던 시절은 꿈도 못 꾸더라도 치킨집, 피자 가게, 카페 '사장님' 정도는 될 수 있을 것이다. 한국의 자영업자 비율은 경제협력개발기구<sup>OECD</sup> 평균의 두 배인 31퍼센트다. 한국은 자본가가 되기 쉬운 나라일까? 그렇지만 자영업자 중 30퍼센트는 월평균 순이익이 100만 원이 안 되고, 자영업자들의 가구 부채는 임금 노동자 가구 부채의 두 배다.<sup>•</sup> 자본가 되기만 쉬운 게 아니라 망하기도 쉽다. 자본주의라는 '정글' 속에서는 노동자만 당하는 게 아니라서 작은 자본은 큰 자본에 잡아먹힌다. 모두 자본가가 될 수 있다는 얘기는 망상 아니면 사기다. 이런 우스갯소리도 있다. 사업해서 1억 원을 만드는 가장 빠른 방법은 처음에 2억 원으로 시작하는 거라고.

다시 돌아가서, 프롤레타리아트가 혁명에 성공할 수밖에 없는 이유는 뭘까. "거대한 다수의 이해관계에 따라 거대한 다수가 자기의식적이고도 독자적으로 펼치는 운동"이기 때문이다. 노동자 계급이 늘어나고 집중하는 모습을 지켜본 사람이라면 누구나 이 말에 담긴 뜻을 생생히 느끼지 않았을까. 그때까지 산업 노동자는 대부분의 나라에서 농민보다 적다가 19세기 말에 접어들어 빠르게 늘어났는데, 그 사실을 가늠할 수 있는 게 도시 인구의 증가 속도다. 1851년에서 1881년 사이 파리 인구는 100만여 명에서 190만여 명으로, 런던 인구는 250만 명에서 390만 명으로 늘었다. 1849년에 38만 명이던 베를린 인구는 1875년에 100만 명이 됐다.●● 그렇지만 수가 많다는 것보다 '자립적'이라는 말이 중요하다. 마르크스는 정예 음모가들이 쿠데타로 정권을 차지한다는 생각, 또는 몇몇 이론가들이 자기가 만든 유토피아로 인민을 '해방시킨다'는 생각에 반대한다. 마르크스는 노동자 해방은 자주적이고 민주적으로 해내야 한다고 생각했다.

마르크스는 1879년에 독일 사회민주당의 중심 인물인 아우구스트 베벨과 빌헬름 리프크네히트에게 보낸 편지에서 이렇게 썼다.

인터내셔널이 결성될 때 우리는 이렇게 구호를 정리했습니다. 노동자 계급의 해방은 노동자 계급 스스로 해내야 한다. 따라서 우리는 노동자들은 너무 무지해서 자신들을 해방할 수 없기 때문에 먼저 인도적인 부르주아와 프티 부르주아가 위로부터 해방시켜야 한다고 말한 사람들과 협력할 수 없습니다.●●●

---

● 〈IMF로 시작된 자영업 위기, 해법은?〉, 《프레시안》 2011년 10월 21일. 〈위기의 자영업 — 창업 5년 안에 70% 폐업〉, 《경상매일신문》 2014년 11월 10일.
●● 에릭 홉스봄 지음, 김동택 옮김, 《자본의 시대》, 한길사, 1998.
●●● 《칼 맑스 프리드리히 엥겔스 저작 선집 5》, 박종철출판사, 1994.

루이스 하인이 1910년에 찍은 미국 면사 공장의 소녀 방적공.

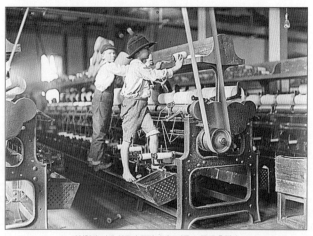

산업혁명 시대 영국의 공장 모습. 아동 노동이 흔했다.

마르크스는 《선언》에서 자기가 한 묘사가 '프롤레타리아트 발전의 일반적인 국면'이라고 말한다. 그런데 마르크스는 영국 부르주아지와 프랑스 부르주아지를 하나로 묶어 부르주아지의 상을 제시한 것처럼, 프롤레타리아도 영국의 산업 노동자와 프랑스 혁명 때의 도시 민중 상퀼로트를 하나로 묶어 제시하고 있다. 그 프롤레타리아트는 경제적으로 해방적 생산력을 책임지는 주체인 동시에 정치적으로 각성돼 능동적으로 행동하는 주체였다. 프롤레타리아가 정말 그런지는 또 다른 문제이기는 하다.

이미 살펴본 대로 지금까지 모든 사회 형태는 억압하는 계급과 억압받는 계급 사이의 적대에 근거를 뒀다. 그러나 어떤 계급을 억압하려면 적어도 노예나 다름 없는 삶이라도 이어갈 수 있는 조건들을 보장해야만 한다. 농노제 시대의 농노는 자치 도시인 코뮌의 구성원으로 겨우 일어섰으며, 소부르주아지는 봉건 시대 절대 군주제의 속박 아래에서 부르주아지로 그럭저럭 발전해갔다. 반대로 현대 노동자는 공업의 진보에 발맞춰 일어서는 대신 자기 계급의 생존 존재 아래로 점점 더 가라앉고 있다. 노동자는 빈민이 되고, 구호 대상이 되는 빈민은 인구나 부가 증가하는 속도보다 더 가파르게 늘어난다. 부르주아지는 이제 사회의 지배 계급이 되기에 알맞지 않으며 자기 계급을 유지하는 데 필요한 조건을 최우선의 법률로 사회에 강요할 수도 없다는 사실이 확실해진다. 부르주아지가 사회를 지배하는 데 알맞지 않은 이유는, 자기 노예들에게 노예의 삶조차 보장하지 못할 정도로 무능한 데다 노예들이 자기를 먹여 살리는 게 아니라 자기가 노예들을 먹여 살려야 하는 그런 상태로 몰아가지 않을 수 없기 때문이다. 사회는 이런 부르주아지 밑에서는 살아갈 수 없다. 그러니까 부르주아지의 존재는 이제 사회에 양립할 수 없는 것이다.

부르주아 계급이 존재하고 지배하는 데 필요한 본질적인 조건은 자본의 형성과 증식이다. 자본의 조건은 임금 노동이다. 임금 노동은 노동자들 사이의 경쟁에 전적으로 의존한다. 부르주아지가 자기도 모르는 사이에 촉진하게 되는 공업의 진보 덕분에 경쟁의 결과인 노동자의 고립은 연합의 결과인 혁명적 단결로 뒤바뀐다. 그렇게 현대 공업이 발전하면서 부르주아지가 생산물을 만들고 소유하는 기반 자체가 부르주아지의 발밑에서 허물어진다. 부르주아지는 만들어낸 것은 무엇보다도 자기 자신의 무덤을 파는 사람들이다. 부르주아지의 몰락과 프롤레타리아트의 승리는 똑같이 피할 수가 없다.

## 부르주아지 케이오 패, 프롤레타리아트 승

노예 주인이 노예를 부리는 이유는 당연히 경제적 이익이다. 그런데 노예를 부리려면 주인은 노예에게 최소한의 의식주를 제공해야 한다. 노예더러

"나가서 알아서 먹을 걸 해결해라"고 하면 아무도 되돌아오지 않을 테니까 말이다. 한편 주인이 너무 혹독하게 부리면 노예는 비실비실하다가 쓰러져버려 일을 못 하게 된다. 노예가 일을 못 하면 주인에게 돌아오는 소득도 사라진다. 그래서 노예 제도처럼 비인간적인 시스템 아래에서도 주인은 아주 조금 사람다운 행동을 해야 한다. 노예를 먹여 살려야 하며, 노예가 죽을 정도로 가혹하게 다루지 말아야 한다. 자기에게 돌아올 이익을 생각해서라도 그렇게 해야 한다.

그런데 부르주아지는 자기 노예들에게 "노예의 삶조차 보장하지 못할 정도로 무능"하다고 한다. 부르주아지가 알고 보니 쪽박이라는 말이 아니다. 자본주의적 생산 관계가 결국은 심각한 모순에 빠지고 만다는 뜻이다.

어떤 심각한 모순들일까? 첫째, 자본가는 이윤을 얻으려고 노동자를 극단의 수준까지 착취한다. 그런데 노동자가 가난해질수록 상품을 살 여유가 사라져 자본가는 돈을 벌 수 없다. 자본가가 이윤을 높이려고 최신 기계와 기술을 도입하면서 노동자를 잘라내도 결과는 마찬가지다. 모든 자본가들이 그렇게 하면 사회 전체의 구매력이 떨어지고 자본가가 가져갈 이윤도 줄어든다. 둘째, 자본가는 노동자를 경쟁시켜 임금을 낮추고 자본을 축적하려 든다. 이렇게 축적된 자본은 사업을 넓히는 과정에서 더 많은 노동자를 끌어모으게 되고 노동자의 단결도 촉진한다. 그냥 단결도 아니고 '연합의 결과인 혁명적 단결'이다. 자본가는 자기를 잡아먹을 호랑이 새끼를 스스로 키우는 셈이다. 셋째, 앞서 말헌 대로 생산과 소비는 사회적으로 연결되는데 자본은 소수에게 자꾸 집중된다. 사회적 이해관계와 충돌하는 자본가의 독단적 이해관계 때문에 공황이 거듭되고 거세진다.

이런 모순의 결론은 뭘까? "부르주아지의 존재는 이제 사회에 양립할 수 없다." 부르주아지 스스로 제 발밑을 무너뜨렸다. 1장에서 스펙터클하게 펼쳐진 역사 과정은 담대한 예언으로 끝맺는다. "부르주아지의 몰락과 프롤레타리아트의 승리는 똑같이 피할 수가 없다." 바늘 한 땀 안 들어갈 듯한, 서늘하다 못해 냉기마저 감도는 단호한 문장이다. 마르크스는 프롤레타리아트를 부르주아지에 맞선 '역사의 사형 집행인'이라고 말하기도 했다.

이 대목도 뒷세대 '마르크스주의자'들 사이에서 크게 논란이 됐다. 자본주의 붕괴가 피할 수 없는 일이라면 노동자 계급은 가만히 있어도 공산주의 세상을 만들 수 있을 것 아닌가? 미래는 자동으로 프롤레타리아트의 것이 되는 건가? 이른바 '자본주의 자동 붕괴론'이다.

여러 번 말했듯이 《선언》은 그때 정세에 실천적으로 개입하려는 정치 강령이다. 《선언》이 투쟁을 앞둔 노동자들에게 승리의 확신을 주려고 쓴 글이라는 점을 기억하자. 물이 위에서 아래로 내려오는 것은 부정할 수 없는 진리다. 그러나 그 물이 모든 논에 꽉 차게 하려면 농부가 물꼬를 터줘야 한다. 마찬가지로 역사의 전개는 생산 방식에 관련된 객관적 조건들에 따라 강하게 규정된다. 그러나 비슷한 조건에서도 인간의 창조적인 실천 행위가 있느냐 없느냐는 역사 진행에서 중요한 차이를 만든다. 마르크스는 결코 기계적이고 도식적인 유물론자가 아니었다. "철학자들은 세계를 단지 다양하게 해석해왔을 뿐이다. 그러나 중요한 것은 세계를 바꾸는 것이다." 마르크스의 묘비명에도 써 있는 이 유명한 말은 인간의 실천 행동이 지닌 의의를 강조한다. 모든 이론은 실천을 통해서만 진리성을 검증할 수 있다. 마르크스는 자기 '제자'라는 이들이 "마르크스는 자본주의의 필연적인 붕괴를 예언했다"고 떠들어대자 "그런 말은 내게 최대의 명예이자 최대의 치욕"이라고 했다. 자기가 한 어떤 분석이든 불변의 진리처럼 받아들여지는 것을 마르크스는 바라지 않았다.

독일 사회민주당은 그 점에서 유연하지 못한 탓에 비극적인 교훈을 얻어야 했다. 사민당은 1929년 세계 대공황이 '자본주의 붕괴'의 조짐이라고 봤다. 자본주의가 붕괴하면 그 폐허에 사회주의를 건설해야 했기 때문에 이 붕괴를 늦추는 조치를 취해서는 안 됐다. 실업자가 쏟아지고 빵을 달라는 아우성이 들려도 사민당은 소극적으로 대처했다. 노동조합 지도자들이 이 상태로는 안 된다며 실업 대책과 구제 정책을 마련하라고 해도 사민당 지도부는 꿈쩍하지 않았다. 이때 어떤 '듣보잡' 정당이 나타나 "썩은 자본가와 정치인은 독일을 구할 수 없다"면서 자기들이 집권하면 재정 적자를 내서라도 실업자를 구제하겠다고 큰소리쳤다. 고통에 빠진 국민들이 조금씩 이 정당을 지지하기 시작하더니 5년도 안 돼 제1당이 됐다. 이 정당의 이름은 독일국가사회주의당, 줄여서 '나치NAZI'이고 지도자는 아돌프 히틀러였다. 나치는 집권 뒤 공산당과 사민당을 불법으로 만들어버린다.

오늘날, 결과적으로 자본주의는 붕괴하지 않았다. 붕괴한 것은 도리어 현실 사회주의 체제다. 그런데 자본주의의 붕괴를 막은 것은 노동자들이기도 하다. 19세기 말을 지나면서 노동자들의 파업, 폭동, 혁명 운동이 거세지자 여러 나라 정부가 실업 보험과 최저 임금 등 복지 대책을 내놓기 시작했다. 2차 대전 뒤 서유럽과 미국은 러시아 혁명 같은 사건을 피하려고 복지국가 건설에 박차를 가했다. 이른바 '예방 혁명'이었다. 노동자들이 체제에 만족감을 느끼면서 혁명의 온도는 떨어졌고, 자본주의는 안정 속에 호황을 맞았다. 1950년에서 1970년까지 20여 년은 자본주의의 '황금기'라 불린다. 자본주의가 붕괴를 피하려고 '순수 자유주의'를 포기하고

'사회주의 조치'들을 받아들인 결과였다. 지금은 상상조차 하기 힘들지만, 1950년대 미국의 소득세 최고 세율은 91퍼센트였다! 최상위 부자들은 번 돈의 10분의 9를 세금으로 내놓아야 했다. 지구 한편에 사회주의권이 당당히 버티고 있어서 가능한 일이었다.

21세기 신자유주의 시대에 와서 우리는 또 한 번의 역설적인 풍경을 본다. 자본주의가 혁명의 안전판을 스스로 제거하고 있는 것이다. 여러 나라 정부들은 앞다퉈 세금을 깎고 복지를 줄이면서 국가가 책임지던 서비스를 민영화하고 있다. 노동조합하고 맺은 파트너 관계를 깨고 비정규직을 늘린다. 이런 흐름은 소득 불균형을 높여, 미국에서 상위 10퍼센트의 소득이 전체 소득에서 차지하는 비중이 1950년대 30퍼센트대에서 2000년대 50퍼센트로 치솟았다. 당연히 노동과 자본의 갈등도 부추긴다. 인화 물질이 바닥에 흥건히 깔리면 작은 불씨만 있어도 혁명적 사태가 벌어질 수 있다.

2장

프롤레타리아와
공산주의자들

공산주의자는 전체 프롤레타리아트하고 무슨 관계일까? 공산주의자들은 다른 노동자 계급 정당들에 대립하는 별개의 당을 만들지 않는다.

공산주의자들은 전체 프롤레타리아트의 이해관계에서 동떨어진 별개의 이해관계를 갖고 있지 않다.

공산주의자들은 자기만의 분파적 원칙을 세워 프롤레타리아 운동을 그 틀에 욱여넣으려 하지 않는다.

공산주의자들은 오직 두 가지에서 다른 프롤레타리아 당들하고 구별된다. 첫째, 여러 나라 프롤레타리아트들이 벌이는 투쟁에서 국적에 관계없이 전체 프롤레타리아트의 공통된 이해관계를 지적하고 앞세운다. 둘째, 부르주아지에 맞선 노동 계급의 투쟁이 거쳐야 하는 여러 발전 단계에서 언제나 전체 운동의 이해관계를 대변한다.

따라서 공산주의자들은 실천 면에서는 모든 나라의 노동 계급 정당 중에서 가장 앞서가는 단호한 분파로서 다른 당들을 밀고 나가며, 이론 면에서는 거대한 프롤레타리아트 대중에 견줘 프롤레타리아트 운동의 진행 경로, 조건, 궁극적이고 일반적인 결과를 명확히 이해한다.

공산주의자들이 당면한 목적은 다른 모든 프롤레타리아 당들이 당면한 목적하고 똑같다. 바로 프롤레타리아트를 계급으로 만들고, 부르주아의 지배를 타도하며, 프롤레타리아트가 정치권력을 장악하는 것이다.

## 공산주의자들은 누구인가

1장에서 마르크스는 부르주아지와 프롤레타리아트의 관계를 얘기했다. 2장에서는 먼저 프롤레타리아트와 공산주의자의 관계를 밝히고, 중반부에는 공산주의자들을 향해 부르주아지가 퍼붓는 비난과 사람들이 품은 오해를 해명한다. 끝으로 프롤레타리아 운동의 정치적 요구 열 개를 추려 제시한다. 이 열 가지 요구는 공산주의자 동맹이 내건 요구이기도 하다.

마르크스와 엥겔스, 그리고 19세기 다른 사회주의자들 사이의 차이는 역사와 계급 투쟁에 관한 태도에서도 나타나지만, '당party, 黨'에 관한 태도에서 좀더 분명하게 드러난다. 유토피아 사회주의자들은 자기들이 세운 계획을 실행하는데 당이 굳이 필요하지 않았고, 아나키스트들은 당이 민중을 억압하는 또 다른 권력이 될 수 있다며 반대했다. 마르크스는 노동자 계급의 혁명성을 신뢰했지만, 여러 사회적인 조건 탓에 노동자들이 바로 혁명에 나설 수 있다고 생각하지는 않았다. 노동자들의 의식을 각성시키고 방향을 제시하며 사명을 알려주는 이들의 조직이 필요하다고 봤다.

다만 19세기 중반의 당은 우리가 지금 이해하는 정당하고는 많이 달랐다. 당은 목표와 지향이 같은 사람들의 결사 정도를 의미했다. 당 대회나 당원 투표 따위는 19세기 말 사회민주주의 대중 정당이 생기고 나서야 하나씩 자리 잡았다. 지금은 당이라면 선거에 출마하는 게 당연하지만, 마르크스가 이 책을 쓸 때는 출마할 선거 자체가 없었다. 유럽에서 남성 보통 선거권은 《선언》이 나온 해인 1848년에 터진 혁명의 결과로 프랑스에서 처음 도입됐다. 마르크스가 당의 모델로 삼은 것은 프랑스 혁명기의 자코뱅당이었다. 자코뱅 수도원에서 주로 모여 이렇게 불린 자코뱅당은 급진적 공화주의자들이 모인 집단이었다. 자코뱅당은 부르주아지가 이끌었지만 자유주의 귀족, 소상공인, 노동자도 참여해서 시끄럽게 정치 토론을 벌이거나 시위를 조직했다. 자코뱅당은 프랑스 곳곳에 지부 수백 개를 뒀고, 파리에만 회원이 1200명이 넘었다. 의인 동맹도 자코뱅당의 영향을 받았고, 의인 동맹에서 공산주의자 동맹이 나왔다. 따지고 보면 이 책은 《공산당 선언》보다는 '공산주의자 동맹의 선언' 또는 '공산주의자들의 선언' 정도로 부르는 게 맞다. 동맹은 탄압을 피하려고 비밀스럽게 활동한 탓에 대중 정당하고는 더더욱 거리가 멀었다.

"공산주의자들은 전체 프롤레타리아트의 이해관계에서 동떨어진 별개의 이해관계를 갖고 있지 않다." 공산주의자 동맹의 상황은 좀 복잡했다. 마르크스와 엥겔스는 의인 동맹 내부에서 노선 투쟁을 벌였는데, 마르크스의 반대파들은 마르크스와 엥겔스를 노동자의 처지를 잘 모르는 안락의자의 먹물들이라고 비난했다. 마르크스는 반대파들에게 "당신들은 이런저런 특수한 노동자들을 대변하지만, 우리는 노동자 계급 전체의 이해관계를 대변하고 있소"라고 답변할 필요가 있었다. 의인 동맹의 지도자이자 재단사 출신인 바이틀링은 젊은 시절 노동자 폭동에 직접 참여한 경력을 내세웠지만, 정세 인식과 사상은 뜬구름 잡는 무모함으로 가득했다. 과학적인 두뇌의 소유자 마르크스는 이런 사람을 도저히 좋아할 수 없었다. 바이틀링이 다시 경력을 내세우며 자기를 존중하라고 요구하자, 마르크스는 눈앞에 대고 소리쳤다. "지금까지 무식함이 도움이 된 적 없소!"

마르크스는 자기네 당이 "다른 노동자 계급 정당들에 대립하는 별개의 당이 아니"라고 한다. 공산주의자 당은 노동자 운동을 자기에게 '짜 맞추려' 하지 않는다. 그렇다고 현실의 환경에 구속돼 있는 노동자들의 수준에 무조건 눈높이를 맞추지도 않는다. 따라서 공산주의자 당은 '리더십'이 중요하다. 공산주의자들은 노동자 운동의 동등한 일부지만, 노동자 운동을 승리로 이끌 수 있는 리더십을 발휘해야 한다.

첫째, '국적에 관계없이 전체 프롤레타리아트의 공통된 이해관계'를 주장하겠단다. 프롤레타리아트는 먼저 자기 나라 부르주아지에 맞서 싸우게 되는데, 흙먼지 날리는 싸움터에서는 시야가 좁아진다. 부르주아지가 임금을 올리고 복지를 늘리라는 노동자들의 요구를 받아들였더라도, 그 돈을 저 멀리 식민지 노동자들을 착취해 가져올 수도 있다. 식민지 노동자들이 굶주리는 동안 유럽 선진국 노동자들은 자본의 떡고물에 길들여졌다. 20세기 초 제국주의 시대가 그랬다. 사회주의 정당들도 감히 정부를 향해 제국주의 정책을 관두라고 말하지 못했다. 당장 자기 나라 노동자들의 이익이 줄어들었고, 그런 주장을 할수록 표가 떨어졌기 때문이다. 참된 공산주의자라면 한 기업이나 한 나라 노동자의 이익이 아니라 전체 노동자의 이익을 위해 싸워야 한다. '프롤레타리아 국제 연대'의 원칙이다.

둘째, "전체 운동의 이해관계를 대변"하겠다고 한다. 노동운동은 자기 역량에 맞춰 그때그때 목표를 세운다. 노동조합이 없는 기업에서는 먼저 민주 노조를 세우는 게 목표다. 어떨 때는 임금 인상이, 어떨 때는 비정규직의 정규직화가 목표일 수도 있다. 노조도 없는데 '노동자의 경영 참여'를 외쳐봤자 옆집 개가 하품하는 소리로 들릴 게 뻔하다. 그러나 눈앞의 급한 목표만 보다가 자칫 궁극적인 목표를 잊어버릴 수 있다. 노조가 인정받고, 임금이 오르고, 노동자 출신 국회의원 몇 명 생긴 것으로 만족하면 '노동자 해방'과 '인간 해방'이라는 더 큰 과제는 어떻게 될까? 각 단계마다 눈앞에 놓인 과제는 다르지만 멈추지 말고 계속 나아가자고 호소하고 설득하는 일을, 공산주의자들은 해야 한다. 마치 기원전 399년 아테네의 '위험한 선동'을 한 혐의로 법정에 선 소크라테스가 자기는 '말의 엉덩이에 붙어 말이 계속 달릴 수 있게 물어대는 등에'라고 한 것처럼.

공산주의자들의 이론이 내세우는 결론들은 이러저런 자칭 세계 개혁가들이 발명하거나 발견한 이념이나 원리에 근거하지 않는다.

그런 결론은 그저 지금 벌어지는 계급 투쟁에서, 곧 우리 눈앞에 펼쳐지는 역사적 운동에서 생겨난 현실의 관계를 일반적으로 표현할 뿐이다. 현재의 소유 관계를 폐지한다는 결론은 공산주의만 지닌 독특한 특징은 결코 아니다.

지난날 모든 소유 관계는 역사적 조건의 변화에 따른 역사적 변화를 끊임없이 겪었다.

이를테면 프랑스 혁명은 부르주아적 소유를 위해 봉건적 소유를 폐지했다.

공산주의를 특징짓는 요소는 소유 일반의 폐지가 아니라 부르주아적 소유의 폐지다. 그렇지만 현대의 부르주아적 사적 소유는 계급 대립, 곧 소수가 다수를 착취하는 데 근거하는 생산물의 산출과 점유 체계의 최종적이고 가장 완성된 표현이다.

이런 의미에서 공산주의자들의 이론은 한마디로 말할 수 있다. 사적 소유의 폐지.

## 사적 소유를 폐지하라

'세계 개혁가'들은 유토피아에 관한 아이디어를 내놓던 이전의 사회주의자들을 가리킨다. 뒤에서 더 자세히 얘기하겠지만, 이를테면 생시몽이라는 사람은 정치가들의 손에서 사회를 운영할 권리를 뺏어와 과학자와 산업 자본가들에게 맡기면 사회가 조화롭고 효율적으로 돌아간다고 주장했고, 말년에는 서구 사회가 '새로운 기독교 사상'으로 돌아가야 한다고 호소했다. 그밖에도 많은 이들이 더 나은 세계를 향한 참신한 구상과 세련된 원리를 앞다퉈 주장했다. 19세기는 그런 시대였다. 그렇지만 마르크스는 공산주의는 그런 '발명품'이 아니라 현실에서 벌어지는 계급 투쟁의 역사에 따라 만들어질 결과물이라고 말한다. 계급 투쟁의 핵심에는 '소유 관계'가 있다. 자본주의적 소유 관계를 폐지하지 않고는 자본주의 사회를 바꿀 수는 없다는 말이다.

　다만 '소유 관계의 폐지'는 공산주의자들만 꺼내는 주장은 아니다. 마르크스는 부르주아지에게 묻는다. 너희도 소유 문제로 혁명을 일으키지 않았느냐? 지금은 공산주의자를 비난하고 있지만 중세적 소유 관계를 먼저 폐지한 사람들은 너희들 아니냐?

　부르주아지가 없애버린 중세의 봉건적 소유 관계란 무엇일까? 봉건적 소유는 신분 서열, 교회의 권위, 전통 관습으로 유지되는 소유였다. 먼저 모든 토지는 왕의 땅이었다. 그런데 왕은 토지 일부를 영주에게 하사하고, 영주는 다시 자기 아래의 소영주나 기사에게 토지 일부를 하사했다. '하사'는 명쾌한 소유권 이전 행위가 아니다. 같은 토지가 왕의 토지이면서 영주의 토지이기도 하고 동시에 기사의 것이기도 했다. 토지에는 농노들이 딸려갔는데, 농노들은 그 땅의 한쪽에서는 영주에게 바칠 곡물을 기르고 다른 쪽에서는 자기가 먹을 곡물을 길렀다. 소를 먹일 목초지나 땔감을 해올 야산은 공유지로 인정됐고, 영주도 공유지에 관한 농노의 권리는 관습에 따라 묵인했다. 요즘에는 땅을 사려면 소유 관계를 알려주는 등기부 등본을 먼저 떼봐야 한다. 등본에는 '박갑돌 씨 논밭 몇 제곱미터'가 정확히 나와 있다. 그러나 중세에 누가 "저 땅이 누구 땅입니까"라고 물으면, "총명하신 우리 왕 앙투안 2세가 인자한 영주 마르코 공작에게 하사하시고, 마르코 공작이 다시 용맹한 기사 토마스에게 하사하신……" 따위의 대답을 들어야 했다. 그런 내용을 기록한 문서는 대개 교회가 갖고 있었고, 정작 땅을 다스리는 영주는 까막눈이기 십상이었다.

　봉건 사회가 부르주아 사회로 넘어가면서 이런 소유 관계는 완전히 바뀌었다. 돈을 낸 사람이 제 마음대로 할 수 있는 독점적이고 배타적인 소유가 확립됐다. 땅을 산 부르주아들은 그 땅에 공장을 지으려고 대대로 살아온 사람들을 강제로 몰아내도 되는 권리를 얻었다. 2009년에 일어난 용산 참사는 자본주의 소유권이 얼마나 비인간적인지 보여주는 사례다. 수십 년 동안 영세 상인들이 땀 흘려 일해 사람들로 북적대는 목 좋은 상권을 만들었다. 땅값이 오르자 건물주들은 상인들을 쫓아낸 다음 더 비싼 건물을 지어 더 높은 임대료를 받으려 했다. 그 땅의 가치를 실제로 높인 사람들의 권리는 조금도 인정되지 않았다. 하루아침에 삶의 터전을 빼앗기게 된 상인들은 농성을 시작했고, 건물주의 소유권을 지켜주는 공권력이 무모한 진압을 시도하다 철거민 5명과 경찰 1명이 세상을 떠나는 참사를 불렀다.

"프랑스 혁명은 부르주아적 소유를 위해 봉건적 소유를 폐지했다." 프랑스 혁명 때 인권 선언이 모두 세 차례 나왔는데, 로베스피에르 정권이 제출한 둘째 인권 선언을 뺀 처음과 끝의 인권 선언은 소유권을 '신성불가침'의 지위로 올려놓았다. 로베스피에르는 사회의 공익에 근거해 소유권을 제한하려 했지만 테르미도르 쿠데타로 쫓겨났다. 프랑스 혁명은 결과적으로 민중의 평등 요구를 억누르고 부르주아의 사적 소유를 보장했다. 마르크스는 부르주아지의 '이력서'를 까발린다. 부르주아적 사적 소유는 모호한 봉건적 소유보다 명쾌한, 소유의 '가장 완성된 표현'이다.

공산주의자들은 그래서 부르주아지가 봉건적 소유를 없앤 것처럼 부르주아적 소유를 없애겠다고 한다. '사적 소유의 폐지'가 공산주의의 핵심 슬로건이다. 이 말은 개인이 일상생활을 누리는 데 필요한 것, 이를테면 속옷이나 칫솔도 개인적으로 소유하지 못하게 한다는 얘기가 아니다. 부르주아 사회는 토지나 기계나 건물이나 공장 같은 생산 수단을 독점한

1789년에 제정된 〈인간과 시민의 권리 선언〉(프랑스 인권 선언). 17조는 소유권의 신성불가침을 선언한다. 불가침하고 신성한 권리인 소유권은, 합법적으로 확인된 공적 필요성에 따라 명확히 요구되고 사전 보상을 조건으로 하지 않는 한 침해될 수 없다.

소수가 다른 사람의 노동을 지배하고 착취한다. 이런 생산 수단의 배타적인 독점을 폐지한다는 것이다.

　요즘 선거 때만 되면 사회복지를 튼튼히 한다는 주장이 많이 나오는데, 몇몇 보수 세력은 그런 주장마저도 공산주의나 포퓰리즘$^{populism}$이라고 비난한다. 그렇지만 사회복지는 분배의 형평성을 높이는 자본주의 정책일 뿐 공산주의에는 한참 못 미친다. 자본주의를 근본부터 개혁하려면 세금을 높이고 복지를 늘리는 정도를 넘어 생산 수단을 사회의 공공 재산으로 돌려야 한다. 토지, 대기업, 주요 산업의 '사회화'를 빼놓고 자본주의의 문제를 해결하기는 어렵다.

우리 공산주의자들은 자기 자신의 노동의 결과로서 개인이 취득한 소유권, 곧 모든 개인의 자유와 활동과 독립의 기반이 되는 소유를 폐지하려 한다는 비난에 시달려왔다.

힘들여 일하고, 혼자 불려서, 자기가 벌어들인 소유라고! 그럼 부르주아적 소유에 앞서 나타난 소규모 장인의 소유, 소농민의 소유를 말하는 걸까? 그런 소유를 철폐할 필요는 전혀 없다. 공업이 발전해 이미 많이 폐지됐고, 지금도 날마다 폐지되고 있다. 아니면 현대 부르주아지의 사적 소유를 말하는 걸까?

그런데 임금 노동은 노동자에게 소유를 창조해줄까? 별말씀. 임금 노동은 자본, 곧 임금 노동을 착취하는 소유, 새로운 임금 노동을 공급해 새롭게 착취를 할 수 있는 조건을 갖춰야만 증식할 수 있는 소유를 창조한다. 지금 소유 형태는 자본과 임금 노동의 적대에 바탕을 둔다. 이 적대의 두 측면을 살펴보자.

자본가가 된다는 말은 생산 과정에서 단순한 개인적 지위에 더해 사회적 지위도 차지한다는 뜻이다. 자본은 공동 생산물인 만큼 많은 구성원이 함께하는 연합 활동을 거쳐야만, 결국 사회의 모든 구성원이 연합 활동을 벌여야만 가동될 수 있다. 자본은 따라서 개인적 힘이 아니라, 사회적 힘이다.

그러므로 자본이 공동의 소유로, 곧 모든 사회 구성원의 공동 소유로 바뀌어도 개인적 소유가 사회적 소유로 바뀌지는 않는다. 다만 소유의 사회적 성격이 바뀔 뿐이다. 소유는 계급적 성격을 잃어버린다.

그럼 임금 노동을 살펴보자.

임금 노동의 평균 가격은 최저 임금, 곧 노동자를 노동자로 먹여 살리는 데 절대적으로 필요한 생활 수단의 양이다. 따라서 임금 노동자가 노동을 해 받는 몫은 그저 생명을 부지하고 재생산하는 데 족할 뿐이다. 우리는 노동 생산물의 개인적인 점유, 인간의 삶을 유지하고 재생산하는 데 필요한 데다 다른 사람의 노동을 지배할 수 있게 하는 잉여를 전혀 남기지 않는 점유를 폐지하자는 게 아니다. 다만 이런 점유가 지닌 비참한 특성을 폐지하고 싶을 뿐이다. 이런 상황에서 노동자는 자본을 증식하기 위해 살 뿐이며, 지배 계급의 이해관계에 필요할 때만 살아도 좋다는 허락을 받기 때문이다.

부르주아 사회에서 산 노동은 축적된 노동을 증식하는 수단일 뿐이다. 공산주의 사회에서 축적된 노동은 노동자들의 삶을 확장하고 풍요롭게 하며 장려하는 수단일 뿐이다.

따라서 부르주아 사회에서는 과거가 현재를 지배하고, 공산주의 사회에서는 현재가 과거를 지배한다. 부르주아 사회에서 자본이 독립적이고 개성을 지니는 반면 살아 있는 개인은 의존적이고 비개성적이다.

## 자본가는 어째서 자본을 가졌지?

이제부터 마르크스는 부르주아지에게 분노의 주먹을 날린다. "너희들의 헛소리에 대답해주마." 부르주아지는 공산주의자가 "힘들여 일해서 얻은 정당한 소유를 철폐하려 한다"고 동네방네 떠들어대는 중이다.

첫째, 농민이나 영세 상공인은 열심히 노동해도 대자본이나 대공업을 상대로 벌이는 경쟁에서 박살나고 있다고 마르크스는 말한다. 그렇게 만든 게 바로 부르주아지 너희들이다.

둘째, 부르주아적 사적 소유는 부르주아 스스로 직접 노동해서 얻은 게 아니다. 프롤레타리아의 노동을 착취해 만들었다. 프롤레타리아는 노동할수록 자기의 소유가 아니라 자본가의 소유를 증가시킨다. 마르크스는 그런 현실을 '자본과 임금 노동의 적대'라고 한다.

자본가는 노동자가 생산한 잉여 가치를 독차지한다. 노동자는 임금을 받지만 '일한 만큼의 대가'를 받는 것은 결코 아니다. 임금의 평균 가격은 "노동자를 먹여 살리는 데 절대적으로 필요한 생활 수단"의 최소치라고 마르크스는 말한다. 햄버거 가게 알바 노동자가 하루 8시간 일하고 일당 5만 원을 받기로 하면, 햄버거를 몇 개 만들든 상관없이 그만큼만 받는다. 5만 원이 햄버거 500개를 만드는 노동이라 하자. 그 햄버거를 다 만들고 시계를 보니 퇴근 시간보다 두 시간이나 일찍 끝났다. 알바 노동자는 '내가 받는 돈만큼의 일'은 다 했다고 룰루랄라 집에 갈 수 있을까? 턱도 없을 테고, 남은 두 시간 동안 사장에게 무상 노동을 제공해야 한다. 이것이 자본주의적 임금 노동의 비밀이다. 자동차 공장 노동자든, 외환 딜러든, 병원에 고용된 의사든 자기가 받는 급여보다 훨씬 많은 노동량을 무상으로 제공하는 건 똑같다. 당신이 사장이라고 생각해보라. 직원이 딱 '월급만큼' 일하고 가버리게 보고 있을 텐가? 망하기 싫으면 사장은 자기가 주는 임금보다 많은 노동을 노동자에게서 빼내야 하며, 경쟁하는 다른 사장보다 더 많이 빼내야 한다. 나쁜 사람이라서 그런 게 아니라 이윤을 남기지 않으면 자본가는 살아남을 수 없기 때문이다.

이런 대립 관계를 이해해야 "자본은 따라서 개인적 힘이 아니라, 사회적 힘"이라는 문장도 이해할 수 있다. 노동자는 노동력을 제공하고 자본가는 자본을 제공해 함께 생산에 참여한다는 교과서 속 얘기는 틀렸다. 노동자는 노동력의 대가로 임금을 받고 자본가는 자본의 대가로 이윤을 얻으니 공평하다고 교과서는 말한다. 그런데 노동력이야 노동자에게서 나오지만, 돈, 기계, 공장, 회사 등 자본은 어디에서 왔을까? 착한 일을 해 하늘에서 떨어졌을까? 알라딘의 요술 램프에 나오는 요정이 가져다줬을까? 조상에게서 물려받았을까? 그럼 그 조상은 어떻게 자본을 만들었을까?

자본이란 결국 지난날 어떤 사람이 노동해서 생산한 결과물이다. 공장이나 회사를 한 사람이 세웠을 리 없으니 "자본은 공동 생산물"이다. 그런데도 자본의 소유주는 자본가로 돼 있다. 자본가가 자본 형성에 기여했다 해도 아주 조금일 텐데 전체를 다 차지하다니, 이상한 일 아닐까? 게다가 자본은 혼자서는 아무 쓸모가 없으며, 노동자가 그 자본을 이용해 일할 때에야 비로소 생명을 얻는다. 자본은 한 자본가의 개인적 힘이 아니라, 공동 노동으로 만들어지고 공동 노동으로 증식되는 '사회적 힘'이다. 그러므로 자본가가 자본을 제공한다는 말은 사태의 본질을 왜곡한다. 본디 자본은 자본가 개인의 소유물이 될 수 없기 때문이다. 나아가 토지처럼 아예 어떤 인간의 노동으로도 만들 수 없는 대상은 처음부터 자본이 될 수도 없다.

말이 나온 김에 '자본' 얘기를 좀더 해보자. 흔히 사람들에게 "자본가란 어떤 사람인가요?" 하고 물으면 "돈이 많은 사람"이라는 대답이 돌아온다. 현상이 본질을 가리는 대표적인 경우다. 자본가는 자신의 자본(그게 돈이든 다른 생산 수단이든)을 투자해서 투자한 돈보다 많은 돈을 버는 사람이다. 아니, 새끼를 치는 돈이라니? 우리 집 저금통에 든 돈은 백날 묵혀둬도 동전 한 푼 늘어나지 않는데, 자본가 돈에는 마법이라도 걸려 있는 걸까? 아니면 자본가는 우리가 모를 어떤 초인적 능력을 갖고 있을까? 이런 생각을 마르크스는 '물신物神주의'라고 불렀다. 사물의 겉모습에 현혹돼 거기에 기이한 속성이 있는 듯 여기는 것 말이다.

답은 그 겉모습 속에 숨어 있다. 마르크스는 자본은 '사물'로 나타나지만 본질은 '사회적 관계'라고 했다. 노동자를 착취해 자본가가 잉여 노동을 독차지하는 관계에서만, 돈, 물건, 설비 같은 사물은 자본이 되고 평범한 한 인간은 자본가가 된다. 세계 최고 부자인 빌 게이츠와 한국 최고 부자 이건희는 보통 사람보다 조금 더 머리가 뛰어날 수도 있고 돈 버는 감각이 좋을 수도 있다. 그렇지만 그런 능력이 보통 시민들하고 그 사람들이 가진 재산만큼, 그러니까 수천수만 배씩 차이가 난다는 게 말이 될까? 여기에 마르크스의 통찰이 있다. 마르크스는 〈포이에르바하에 관한 테제〉에서 "인간의 본질은 사회적 관계들의 총체<sup>ensemble</sup>다"고 했다. 흑인이 원래 못나서 노예고 백인이 잘나서 노예 주인인 게 아닌 것처럼, 어떤 사람은 원래 잘나서 자본가고 어떤 사람은 못나서 노동자인 게 아니다. 특정한 사회적 관계에서만 사람들은 그런 지위를 갖는다.

그럼 사회적 관계를 바꾸면 어떻게 될까? 사회적 힘인 자본을 실제로 '모든 사회 구성원의 공동 소유'로 바꾼다면? 개개인의 모든 물건을 공유할 필요는 없다. "소유의 사회적 성격이 바뀔 뿐"이라는 말은 생산 수단에 관한 부르주아적 사적 소유를 공산주의적 소유로, 곧 공동체의 소유로 바꾼다는 얘기다. 마르크스는 '산 노동'과 '축적된(또는 죽은) 노동', '현재'와 '과거'를 대비한다. '산 노동'은 지금 노동자가 하고 있는 노동이고 '축적된 노동'은 노동자의 과거 노동이 축적된 대상, 곧 자본이다. 그래서 자본은 '과거'이며 지금 노동자가 하고 있는 노동은 '현재'다. 부르주아 사회에서는 노동자가 자본을 위해 일하며, 노동자의 노동은 자본을 증식시키는 수단에 지나지 않는다. "과거가 현재를 지배"하는 것이다. 공산주의 사회에서는 공유된 자본은 인간의 삶이 활짝 피어날 수 있게 도와준다. 쉽게 말하면 무상 급식, 무상 주택, 무상 인터넷, 무상 교육, 무상 병원, 무상 교통이 실현되는 사회다. 자본은 모든 사회 구성원의 하인으로 봉사한다. "현재가 과거를 지배"한다.

삼성 이건희 회장은 2014년에 주식 배당금으로 1033억 원을 받았다. 전체 1위다. 10대 재벌 총수들이 받은 배당금이 3000억 원을 넘는다. 재벌 기업들은 이렇게 많은 배당금을 총수에게 주면서도 비정규직의 정규직화는 '막대한 비용'이 들어 안 된다고 한다. 그런데 이 배당금은 결국 어디서 왔을까? 죽은 노동을 위해 산 노동을 착취한 결과다. 한번 상상해보자.

19세기 자본가와 노동자의 모습. 커다란 톱니바퀴 아래 고된 노동을 하는 노동자들을 정장을 한 자본가들이 바라보고 있다.

만약 우리가 10대 재벌 기업을 사회화할 수 있다면, 재벌 대기업을 모든 시민의 소유로 바꾼다면, 많은 배당금을 포함해 기업의 이익을 총수 일가에 몰아주는 게 아니라 노동자와 시민들에게 나눠줄 수 있다. 소득이 늘고 사회복지도 크게 좋아진다. 노동 시간을 줄여 예술을 하든 연애를 하든 공부를 하든, 원하는 일을 더 많이 할 수 있다. 과거를 현재에 봉사하게 만들 수 있다.

그리고 부르주아지는 이런 관계들의 폐지를 개성과 자유의 폐지라고 부른다! 옳은 말이다. 부르주아의 개성, 부르주아적 독립성, 부르주아의 자유를 폐지하는 일이 목표인 게 틀림없기 때문이다.

오늘날 부르주아적 생산 조건 아래에서 자유란 상업의 자유, 자유로운 판매와 구매를 뜻한다.

그러나 판매와 구매가 사라지면 자유로운 판매와 구매도 사라진다. 자유로운 판매와 구매를 둘러싼 이런 이야기, 우리 부르주아지가 자유에 관해 떠들어댈 때 내뱉는 다른 모든 흰소리는 판매와 구매에 제약을 받는 중세의 예속된 상인에게 의미가 있을 뿐, 구매와 판매를 폐지하고 부르주아적 생산 관계를 폐지하며 부르주아지 자체를 폐지하려는 공산주의에 견주면 아무 의미도 없다.

당신들은 우리가 사적 소유를 폐지하려 한다며 벌벌 떤다. 그러나 당신들이 지배하는 사회에 사는 사람 중 10분의 9의 사적 소유는 이미 폐지됐다. 한 줌밖에 안 되는 자들의 사적 소유는 오직 10분의 9의 손안에 사적 소유가 존재하지 않는 덕분에 존재한다. 그러니 당신들은 사회의 압도적 다수가 아무것도 소유하지 못한 상태를 필수 조건으로 삼는 소유 형태를 폐지하려 한다고 우리를 비난하는 셈이다.

한마디로 말하면 당신들은 당신들의 소유를 폐지하려 한다며 우리를 비난한다. 딱 맞는 말이다. 그게 바로 우리 생각이다.

노동이 더는 자본, 화폐, 지대[1]로, 곧 누군가 독점할 수 있는 사회적 힘으로 전환될 수 없는 때부터, 다시 말해 개인적 소유가 부르주아적 소유로, 곧 자본으로 더는 변형될 수 없는 순간부터 개성은 사라진다고 당신들은 말한다.

따라서 개인을 들먹일 때 부르주아지, 곧 중간 계급 자산 소유자 말고는 아무도 사람으로 보지 않는다고 당신들은 고백하는 셈이다. 이런 사람은 정말 폐지돼야 하고 나타날 수 없어야 한다.

어떤 사람이든 공산주의는 사회의 생산물을 차지할 힘을 결코 빼앗지 않으며, 다만 이런 점유를 통해 타인의 노동을 자신에게 예속시킬 힘을 빼앗을 뿐이다.

사적 소유를 폐지하면 모든 일이 멈추고 게으름이 일상이 된다는 비난이 들린다.

그런 비난이 맞다면 부르주아 사회는 오래전에 나태함 탓에 파멸해야 했다. 일하는 사람들은 아무것도 받지 못하고, 뭐든 차지하는 사람들은 일하지 않기 때문이다. 이런 모든 비난은 자본이 없으면 임금 노동도 있을 수 없다는 동어 반복일 뿐이다.

—

1 지대(地代, rent)는 토지 소유자가 토지를 빌려준 대가로 받는다. 곡물로 받으면 현물 지대, 돈으로 받으면
화폐 지대. 토지뿐 아니라 공급이 한정된 생산 요소에서 나오는 수익을 모두 가리키는 말로 쓰이기도 한다.

## 기본소득을 주면 모두 게을러진다?

부르주아지는 자유를 그저 '자유로운 판매와 구매', 곧 거래의 자유로 본다고 마르크스는 말한다. 중세 봉건 시대에는 거래가 자유롭지 못했다. 아니, 정확히 말해 거래가 굳이 필요하지 않았다. 대부분의 생필품을 자급자족했으며 시장은 꼭 필요한 교환만 진행된 탓에 규모가 클 필요가 없었다. 요즘 같으면 돈으로 해결할 많은 일들을 전통 관습과 공동체의 협력으로 해결했다. 이를테면 장마에 어느 집 지붕이 비가 새면 마을 사람들이 와서 같이 고쳤다. 도움받은 사람은 나중에 일손이 필요한 이웃을 도와 빚을 갚았다. 이런 문화가 일반적인 사회에서는 물건과 서비스를 팔아 돈을 버는 기업이 나타나기 힘들다. 근대적인 소유권이 생겨나고 네 것과 내 것이 확실히 나뉜 뒤에야 자본주의는 거침없이 성장했다. 그러니 부르주아지가 자유를 거래나 소유의 자유로 좁게 보는 것도 이해는 된다.

마르크스는 공산주의에서 자유의 의미가 훨씬 확장된다고 얘기한다. 부르주아들은 공산주의에서 개성과 자유가 사라진다고 하지만, 부르주아 사회는 노동자들을 개성 없게 만들고 자유롭지 못하게 한 대가로 부르주아만이 개성과 자유를 누리는 사회다.

편의점에서만 거의 6~7년 일했어요. 바로 전에 일했던 다른 편의점에서는 창고에서 숙식했어요. 창고에 가 보니까 좋은 매트가 있는 거예요. 그래서 사장

님한테 창고 사용해도 되냐고 하니까 쓰라고 해서 그곳에서 먹고 자고 했지요. 1년 동안. 그러다가 공부를 해야겠다는 생각이 들어서 그만두고 학원을 다녔어요. …… 학원만 다니자니 생활비 때문에 일을 해야 하고 일만 하자니 제가 할 수 있는 일 중 선택의 폭이 너무 좁고 참 답답해요. 오빠는 제가 열정과 의지가 없어서 포기한다고 말해요. 그래서 요즘 좀 힘들어요. 정말 내가 의지가 부족한 사람인지…….•

편의점에서 먹고 자며 겨우 최저 임금을 받는 알바 노동자와, 고급 차를 타고 다니며 고급 레스토랑에서 밥을 먹는 편의점 프랜차이즈 본사 회장님의 차이는 그저 개성의 차이일 뿐일까? 대학교에서 일하는 청소 노동자는 퀴퀴한 지하 휴게실에서 겨우 쉬는데, 청소 노동자를 직접 고용할 책임을 하청 업체에 떠넘기는 대학 총장은 냉난방 잘 되는 백 평짜리 총장실을 혼자 쓴다면, 그것도 개성의 차이일까? 한쪽의 풍족한 생활 수준이 다른 쪽의 생활 수준을 떨어뜨린 대가인 한, 우리는 개성을 말할 수 없다.

"사적 소유를 없애면 다들 게을러질 거야!"라고 부르주아들은 비난한다. 마르크스는 "일하는 사람들은 아무것도 받지 못하고, 뭐든 차지하는 사람들은 일하지 않는다"며 자본주의의 모순을 꼬집는다. 오늘날 노동 소득 분배율은 이 모순을 잘 보여준다. 기업이 벌어들인 수익에서 노동자의 임금과 복지로 지출되는 돈의 비중이 노동 소득 분배율이다. 노동 소득 분배율이 높을수록 노동하는 사람들 몫이 커지고, 낮을수록 자본을 가진 사람과 주주들 몫이 커진다. 그런데 이 노동 소득 분배율이 자꾸만 떨어지고 있다. 세계적으로 그런 흐름이기는 하지만 한국은 다른 선진국에 견줘 더 심해서, 자본주의의 천국이라는 미국보다도 낮다. 20대 대기업을 놓고 보면 50퍼센트도 채 안 된다.** 일은 노동자가 하는데 노동의 결실은 절반 넘게 일하지 않는 사람들이 가져가는 셈이다. 부르주아들이 머쓱해하는 게 눈에 보인다.

자본주의 체제에서 노동자들은 그저 먹고살려고 일할 뿐 자기가 하는 노동에는 아무 매력을 느끼지 못한다. 노동은 지겹고 혐오스러운 단순 반복 작업일 뿐이다. 그러니 누가 감시하지 않으면 당연히 게으름을 피운다.

그런데 임금 노동 체계가 아니라면? "(사적 소유물로서) 자본이 없으면 임금 노동도 있을 수 없다." 마르크스의 이 말은 사람들이 아무 일도 안 하는 게으름뱅이가 된다는 뜻일까? 임금 노동을 하지 않는 대신 자기가 좋아하는 다른 일을 찾아 나선다면? 가난이 비참한 까닭은 좋은 연극을 즐길 수 없기 때문이라고 한 사람, 마르크스는 먹고사는 데 반드시 필요한 노동이 줄어들어 자유롭게 개성을 발전시킬 수 있는 사회를 꿈꿨다.

꼭 공산주의가 아니더라도 모든 시민에게 기본소득<sup>basic income</sup>을 50만 원씩 줘보자. 기본소득을 받는 만큼 임금 노동을 줄이면 여가가 늘어난다. 기본소득은 사람들을 게으르게 만든다고 하는 한 친구에게 너도 그럴 거냐고 물었다. 웬걸, 하고 싶은 일이 너무 많단다. 여행 가고, 글 쓰고, 가족하고 더 많은 시간을 보내고, 외국어도 공부하고……. 이 친구, 자본주의적 냉소 속에 반자본주의적 소망을 품고 있었다. 우리는 지금 고립된 개인으로 갈라져 다른 사람을 경계하며 끊임없이 경쟁의 쳇바퀴만 돌린다. 마르크스는 집단적 행동으로 이 쳇바퀴를 깨고 함께 꿈을 이루자고 말한다.

● 권문석 기획, 박정훈 지음, 《알바들의 유쾌한 반란》, 박종철출판사, 2014.
●● 〈20대 기업 노동소득 분배율 50퍼센트 못 미쳐〉, 《경향신문》 2013년 9월 8일.

물질적 생산물을 생산하고 취득하는 공산주의 방식에 쏟아지는 모든 비난은 정신적 생산물을 생산하고 취득하는 공산주의 방식에도 똑같이 쏟아진다. 계급 소유의 소멸을 생산 자체의 소멸로 보는 부르주아지는 계급 문화의 소멸도 모든 문화의 소멸하고 똑같이 받아들인다.

부르주아지가 잃어버렸다며 슬퍼한 그 문화라는 것도 많은 사람들에게는 그저 기계로 활동하게 만드는 훈련일 뿐이다.

그러나 부르주아적 소유를 폐지하려는 우리에 맞서서 자유나 문화나 법 같은 당신들의 부르주아적 통념을 기준으로 삼은 채 논쟁하려 들지 말라. 당신들의 법이 당신들 계급의 경제적 존재 조건에 따라 본질적인 성격과 방향이 결정되는 당신들 계급의 의지를 모든 사람을 위한 법으로 만든 것에 지나지 않듯이, 당신들의 이념이라는 것도 부르주아적 생산 관계와 소유 조건의 산물일 뿐이다.

당신들은 현재의 생산 양식과 소유 형태에서 나온 사회 형태들을, 곧 생산 과정에서 나타났다 사라지는 역사적 관계들을 영원한 자연 법칙이자 이성 법칙으로 떠받드는 이기적 오해에 빠져 있다. 지난날 모든 지배 계급이 그렇듯 당신들도 똑같은 오해에 빠져 있다. 고대의 소유에 관해 확실히 알고, 봉건적 소유에 관해서 인정한 이 점을, 당신들은 부르주아적 소유에 관해서는 인정하지 않고 있다.

## 너희의 이념은 영원한 게 아니야

바로 서서 한 다리를 들어보세요. 그리고 눈을 감아보세요. 갑자기 균형 잡기가 쉽지 않아질 겁니다. 우리의 마음도 그것과 같아요. 예측이 불가능한 상황에 이르면 균형을 잃고 불안에 요동쳐요. 금방이라도 넘어질 것 같죠. 그렇지만 너무 걱정 마세요. 여러분은 넘어지지 않아요. 이미 넘어졌으니까.

— 혜민 스님

반전이 걸작이다. '힐링'과 '자기 긍정' 넘치는 사회를 풍자하는 이런 유머는 경쟁 이데올로기에 조그만 구멍을 낸다.

마르크스는 이데올로기를 포함한 정신적 생산물에 관해 말한다. 이것들은 사람들을 사회의 기계 부품처럼 작동하게 만드는 교묘한 장치에 지나지 않는다. 이 사회의 이른바 '명사'들이 청년들을 향해 "더 어려운 처지에서도 저렇게 열심히 하는데, 너는 고작 그걸로 좌절하느냐"고 할 때, 그 충고는 주어진 환경에 고분고분 순응하라는 말에 다름 아니다. 그런 이데올로기는 자본주의적 생산 관계가 내뱉은 찌꺼기에 지나지 않으며, 지배 계급의 이해를 대변할 뿐이다.

마르크스는 반복되고 강화된 이데올로기는 '물질적 힘'을 지닌다고 인정했다. 그렇지만 여기서도 마르크스는 일관되게 '역사적 비판'을 한다. 사회적인 관계가 바뀌면 이데올로기도 바뀌는데, 부르주아들은 "나타났다 사라지는(일시적인) 것들을 자연 법칙으로" 우기고 있다고 비판한다. 유럽인들은 18세기부터 본격적인 식민지 정복에 나서면서 다른 인종의 역사를 탐구하는 데 공을 들였다. 정복당한 인종들이 자기네 유럽인보다 미개하다는 걸 밝혀 식민 지배의 정당성을 확보하려 한 것이다. 인류학과 고고학은 그렇게 발전했다. 부르주아 사회가 출현해야 할 필연성을 밝히려고 중세 봉건 사회를 활발히 연구하기도 했다. 마르크스는 부르주아들이 그런 학문 연구를 통해 알아낸 것을 왜 자기 자신에게는 적용하지 않느냐고 묻는다. 미신 같은 믿음이나 신분 혈통에 관련된 무조건의 충성심이 생산 관계와 소유 조건이 바뀌면서 사라졌다면, 마찬가지로 자유 경쟁이나 사적 소유에 관련된 '신앙'도 똑같은 방식으로 사라질 수 있다.

가족의 폐지라고! 가장 급진적인 사람들도 공산주의자들이 세운 이 파렴치한 계획에 크게 화를 낸다.

오늘날 가족, 부르주아 가족은 무엇에 근거하는가? 자본에, 개인적인 돈벌이에 근거를 둔다. 완전히 발전된 형태의 가족은 부르주아지 사이에서만 존재한다. 그러나 이런 현상은 가족이 실질적으로 부재하는 프롤레타리아의 상황과 공창 제도를 통해 보완된다.

부르주아 가족은 이런 보완물이 사라질 때 당연히 함께 사라지게 될 것이며, 또 이 둘은 자본이 소멸하면서 함께 사라질 것이다.

당신들은 부모가 아이를 착취하지 못하게 하려 한다고 우리를 비난하고 있나? 이게 죄라면 기꺼이 유죄를 받아들이겠다.

그런데 당신들은 가정 교육을 사회 교육으로 바꾸면서 가장 신성한 관계를 파괴하고 있다고 말한다.

그럼 당신들의 교육을 보자! 당신들의 교육도 사회적이지 않은가? 교육을 둘러싼 사회적 조건에 따라, 학교 등을 통한 사회의 직접적이거나 간접적인 간섭에 따라 결정되지 않는가? 공산주의자들은 교육에 관한 사회의 개입을 발명하지 않았다. 다만 개입의 성격을 바꿔 지배 계급의 영향에서 교육을 .구해내려 노력할 따름이다.

가족과 교육, 부모와 아이 사이의 신성한 상호 관계에 관한 부르주아지의 허튼소리는 현대 공업이 작동하면서 프롤레타리아트 가족 사이의 모든 유대를 갈가리 찢고 아이들을 단순 상품이나 노동 도구로 바꿔버릴수록 더 역겨워질 뿐이다.

그러나 공산주의자 당신들은 여성 공유제를 도입하려는 게 아니냐고 부르주아지들이 이구동성으로 비명을 질러댄다.

부르주아지는 자기 아내를 단순한 생산 도구로 본다. 생산 도구를 공동으로 이용해야 한다는 말을 들은 부르주아지는 자연스럽게 여성들도 모든 남자에게 공유되는 똑같은 처지가 되리라는 결론에 이를 수밖에 없다.

단순한 생산 도구로 떨어진 여성의 지위를 폐지하는 일이 우리의 진정한 목표라는 사실을 부르주아지는 아예 모른다.

게다가 공산주의자가 공개적이고 공식적으로 여성 공유제를 확립하려 한다며 고결한 의분을 쏟아내는 우리 부르주아지들처럼 우스운 일은 없다. 공산주의자들은 여성 공유제를 도입할 필요가 없다. 여성 공유제는 먼 옛날부터 있었기 때문이다.

공식적 성매매는 말할 것도 없고 프롤레타리아트의 아내와 딸을 제 마음대로 가지고 노는 정도도 모자란 우리 부르주아는 남의 아내를 서로 유혹하면서 최고의 쾌락을 즐긴다.

부르주아의 결혼은 사실상 아내를 공유하는 제도다. 따라서 기껏해야 위선으로 감춘 여성 공유제를 대체해 공개되고 합법화된 여성 공유제를 도입하려 한다며 공산주의자를 비난할 수 있을 뿐이다. 그밖의 문제에 관해서는 현재의 생산 관계들이 폐지되면 거기에서 생겨난 여성 공유제, 곧 공적 영역과 사적 영역의 성매매도 모두 사라질 게 틀림없다.

## 공산주의자들이 여성을 공유한다고?

마르크스와 엥겔스는 가족 폐지를 주장하지 않았다. 《선언》은 엥겔스가 먼저 쓴 〈공산주의의 원칙들〉이라는 문서를 바탕으로 했는데, 엥겔스는 이렇게 썼다. "공산주의 사회 질서는 가정에 어떤 영향을 미치는가? 그것은 남녀의 관계를 사회의 간섭이 필요 없는, 당사자들만이 관계하는 순전히 사적인 관계로 만들게 될 것이다." 개인들은 원하는 대로 가족 형태든 다른 형태든 자유롭게 결합하면 된다.

가족의 폐지와 결혼 제도의 폐지는 19세기 여러 사회주의자들이 주장한 내용이다. 가족을 억지로 해체하자는 게 아니라, 여성이 남성에 종속되고 어린이가 부모에 종속되는 문제를 없애자는 얘기였다. 이런 주장들은 여러 유토피아 구상으로 이어졌다. 샤를 푸리에가 구상한 공동체 '팔랑스테르phalanstère'는 결혼 제도가 없다. 공동체 안에서 남녀는 성적 욕구에 따라 자유롭게 만날 수 있고 동성애도 인정된다. 팔랑스테르는 네 살부터 아이들에게도 따로 소득을 줘 부모에게 기대지 않고 독립된 주체로 살아가게 한다. 푸리에보다 훨씬 행동파여서 무장봉기에도 가담한 테오도르 데자미는 '사회적 대가족'을 이상 사회로 묘사하고, 사적 공간을 없앤 뒤 공동 주거, 공동 식사, 공동 교육을 하자는 제안을 했다. 이런 구상들을 행동으로 옮긴 사람들도 있었으니, 종교적 사회주의자인 존 노이스가 1840년대 미국 뉴욕 주 오나이다에 세운 공동체 마을은 일부일처제 대신 여러 남녀가 여러 남녀하고 결합하는 '복합 결혼' 제도를 따랐다.

주류 사회는 비난을 쏟아냈다. 유토피아 구상에 매달리는 일을 철저히 거부한 마르크스지만, 자기가 주장한 적도 없는 '가족 폐지'라는 비난에는 굳이 대꾸한다. 자본주의 사회에서 부르주아의 가족 개념이 얼마나 허위적이고 위선적인지 폭로할 좋은 기회이기 때문이었다.

작가이기도 한 19세기 영국 총리 벤저민 디즈레일리는 "영국에는 두 부류의 국민이 있으며 둘 사이에는 어떤 교제도 공감도 없다"라고 썼다. 부르주아지 가족은 저택에 살며 만찬을 즐겼고, 자녀들은 가정 교사한테 인문학과 예법 등을 교육받았다. 노동자 가족은 다닥다닥 붙은 연립주택의 작은 방에 바글바글 모여 살았으며, 새벽이면 부모와 아이들이 함께 공장에 나가야 했다. 《레미제라블》의 여자 주인공 판틴의 삶은 노동자 가족의 전형을 보여준다. 부르주아 도련님이 하룻밤 재미를 보고 떠나버리는 바람에 미혼모가 된 판틴은 딸 코제트를 속물적인 여관 주인 테나르디에 부부에게 맡기는데, 이 부부는 판틴이 보내온 양육비를 떼어먹고 코제트를 노예처럼 부린다. 양육비를 벌려고 공장에서 일하다 쫓겨난 판틴은 결국 성매매 여성이 된다. 병든 판틴은 딸을 애타게 부르다 죽어간다.

아리스토텔레스가 칭송한 '시민의 관조적인 삶'이 노예들의 무보수 봉사 덕분이었듯이, 부르주아 가족의 문화는 노동자 계급을 지독한 노동 환경과 가난으로 밀어넣은 덕분이었다. "완전히 발전된 형태의 가족은 부르주아지 사이에서만 존재"한다. 노동자들의 가족은 판틴 모녀처럼 뿔뿔이 흩어졌고, 노동 계급 처녀들은 자기와 가족의 생계를 위해 몸을 팔았다. 이런 고통이 부르주아 가족 질서를 떠받치는 '보완물'이라는 비판은 얼마나 날카로운가. 자본주의 착취 관계가 사라지면 부르주아 가족의 특권도 사라지고, 따라서 노동자 가족이 겪는 비참함도 사라질 것이다. 부르주아지가 공산주의자들의 '가족 비판'에 알레르기 반응을 보이는 까닭은 경제적 지위와 권력을 잃기 싫기 때문이다. 공장주들은 공장 아동 노동자에게 의무 교육을 제공하라는 공장법을 도입하려는 시도에 거세게 저항하기도 했다. "가정 교육의 신성한 관계를 없앤다"는 핑계는 저임금 아동 노동을 맘껏 써먹을 권리를 간섭받기 싫다는 말일 뿐이다.

부르주아지의 위선은 '여성 공유제'라는 비난에서 분명히 드러난다. 초기 사회주의자들이 여성을 물건처럼 공유하자고 한 적은 없었다. 남성 중심의 결혼 제도를 거부한 뒤 여성은 남성을 공유하고 남성은 여성을 공유하는 '성의 해방'을 달성하자는 주장을 했을 뿐이다. 여성을 물건처럼 공유한다는 비난은 심각한 왜곡이면서 은연중에 부르주아 남성들의 속내를 드러내기도 한다. 부르주아 남성에게 여성은 남성을 위해 가사를 떠맡고 자녀를 낳아 기르는 훌륭한 생산 도구다. 그런데 공산주의자들이 생산 수단의 사적 소유를 폐지하라고 하니 부르주아지들은 "내 아내도 공유하자는 말인가" 하며 화들짝 놀란다. 자라 보고 놀란 가슴 솥뚜껑 보고 놀라는 셈이다.

마르크스는 부르주아지의 이런 오해를 나무란다. 공산주의자는 오히려 여성을 부르주아 남성에게 종속된 '생산 수단'의 처지에서 해방하려 한다면서. 지금도 많은 여성들이 자기 소득이 없어 남편에게 기대어 살아가고, 가정 폭력에 시달리기도 한다. 가사 분담, 좋은 일자리, 소득 재분배 등이 제도로 보장되면 여성의 권리는 훨씬 튼튼해질 것이다. 북유럽 복지국가 스웨덴에는 '주부'라는 단어가 없다.* 남녀 모두 자기 일을 하면서 함께 아이를 키울 수 있는 복지가 갖춰진 덕분이다.

마르크스는 "부르주아지여, 도덕군자인 척하지 말라"는 말도 한다. 부르주아적 생산 관계는 많은 프롤레타리아 여성을 반강제로 성매매에 내몬다. 이런 '공식 성매매'의 뒤에서 부르주아지 남성들이 몰래 즐기는 성적 방종은 '비공식 성매매'다. 부르주아 남성들은 사업가로서 금욕과 절제를 찬양했지만, 사생활에서는 쾌락의 하렘을 추구했다. 역사학자 피터 게이가 쓴 《부르주아전》은 영국 빅토리아 시절 부르주아 계급의 면모를 잘 보여준다. 오스트리아 사람 아로투어 슈니츨러는 부유한 가문에서 자란 극작가로 꼬박꼬박 일기를 썼다. 일기에는 성관계를 맺은 처녀와 유부녀들의 이름이나 오르가슴 횟수 따위가 빼곡히 적혀 있었다. 슈니츨러는 흥미롭게도 자기는 자유연애를 즐기면서 여성의 정조에는 병적으로 집착했다. 가부장적 여성 공유제를 실제로 누리던 부르주아들은 남녀평등을 위해 결혼 관습을 폐지하자는 공산주의자들의 주장에는 정색하고 여성 공유제라는 비난을 퍼붓는다.

마르크스와 엥겔스를 비롯해 그때의 공산주의자들은 대부분 남성이었다. 요즘 페미니스트들은 마르크스와 엥겔스도 남성 중심주의를 넘지 못했다고 비판하기도 한다. 마르크스는 가부장제의 억압도 자본주의의 사적 소유가 사라지면 함께 사라진다고 생각했다. 그러나 많은 페미니스트들은 가부장제의 억압이 계급 사이의 억압보다 훨씬 뿌리 깊다고 본다. 부르주아 남성만이 아니라 노동자 남성도 여성을 억압하고 여성의 노동력을 착취한다. 명절날 여성들에게 일을 떠맡기고 고스톱 치는 남성 노동자들이 결코 적지 않다. 가사, 양육, 돌봄 같은 여성 노동은 다른 생산 활동을 위해 꼭 필요한 일이지만 가치를 제대로 인정받지 못하는 '그림자 노동'이다. 자본가든 노동자든 남성들은 이 노동의 열매를 공짜로 얻어 가부장제의 지배를 튼튼히 만든다. 의식하든 의식하지 못하든 말이다. 마르크스는 자본에 고용돼 잉여 가치를 생산하는 노동을 '생산적 노동'으로, 임금을 받지 않는 가사 노동 같은 노동은 '비생산적 노동'으로 나눴다. 가사 노동의 가치를 깎아내리는 게 본뜻은 아니었지만, 가사 노동이나 돌봄 노동은 뭔가 부차적인 노동이라는 인식이 뿌리내리는 데 마르크스도 한 몫한 셈이다.

지금이라도 자본주의적 생산 관계가 폐지되면 공식 또는 비공식 성매매도 사라지고 완전한 남녀평등이 찾아올까? 부르주아지의 지배가 사라지면 여성들은 평등한 명절을 보내고 두려움 없이 밤길을 걸을 수 있을까? 공산주의 사회 조직에서 여성과 남성은 자아실현의 기회를 똑같이 갖게 될까? 이 모든 질문에 마르크스는 아직 충분한 답을 내놓지 않았다. 페미니즘 진영에서 강조하듯 가부장제의 억압은 생산 관계의 변화에 상관없이 끈질기게 남아 있을 수 있다. 마르크스도 한 시대의 산물이고, 따라서 그 시대의 한계에 갇혀 있다. 마르크스의 빈 곳을 드러내는 페미니스트들의 목소리에도 귀를 기울여야 한다.

---

● 〈이유식 하는 아이도 수저를 잡게 하는 까닭〉, 《시사인》 2014년 4월 23일.

공산주의자들은 더 나아가 조국과 국적을 없애버리려 한다는 비난에 시달린다. 노동자는 조국이 없다. 갖고 있지 않은 것을 빼앗을 수 없다. 프롤레타리아트는 먼저 정치적 지배권을 확보하고, 국민을 이끄는 계급으로 일어서며, 스스로 국민이 돼야 하기 때문에, 부르주아지가 이해하는 의미하고는 전혀 다르기는 하지만 아직은 그것 자체로 국민적이다.

여러 민족이 국가로 나뉘어 대립하는 모습은 부르주아지가 발전하고, 상업의 자유와 세계 시장이 확대되며, 생산 양식과 거기에 걸맞은 삶의 조건이 확일성을 띠면서 점점 더 사라지고 있다.

프롤레타리아트가 지배하면 이런 분열과 대립은 점점 더 빨리 사라지게 될 것이다. 적어도 주요 문명국들에서 벌어지는 연합한 행동은 프롤레타리아트 해방의 첫째 조건 중 하나다.

한 개인이 다른 개인을 착취하는 현실이 종지부를 찍는 정도에 따라 한 국가가 다른 국가를 착취하는 현실도 종언을 고하게 될 것이다. 한 국가 안에서 여러 계급이 대립하는 현상이 사라지는 정도에 따라 한 국가가 다른 국가를 상대로 벌이는 적대 행위도 끝이 날 것이다.

## 노동자는 조국이 없다

이 한 문장만 갖고도 정말 많은 말을 할 수 있다. 숱한 노동자들이 조국의 이름으로 죽어갔으며, 숱한 노동자들이 자기 조국을 반역했다는 이유로 죽어갔다. 공산주의자들이 국적을 없애려 한다는 부르주아지의 비난도 마찬가지로 초기 사회주의자들이 품은 생각에 관련이 있다. 초기 사회주의자들은 나라들이 갈라져 벌이는 전쟁에 반대했고, 동등한 팔랑스테르 또는 공동체들의 연계를 거쳐 국가를 대체하기를 꿈꿨다.

마르크스는 부르주아들이 보내는 비난에 "노동자는 조국이 없다. 갖고 있지 않은 것을 빼앗을 수 없다"고 맞받아친다. 노동자들에게 조국이 없다는 말은 무슨 뜻일까?

첫째, 자본주의 세계화 속에 노동자의 처지와 이해관계가 어디서나 똑같아지고 있다는 뜻이다. 미국 자본에 고용되든 한국 자본에 고용되는 노동자는 똑같이 소외와 착취를 당한다. 따라서 노동자들에게는 '국익'이라는 허상이 아니라 전세계 노동자 계급의 단결이 더 중요하다.

부르주아지는 하나의 민족이나 국가 안에서는 모든 구성원이 동등한 관계인 것처럼, 계급을 초월한 관계로 맺어진 것처럼 말한다. 국가 대표 김연아 선수의 멋진 연기를 함께 보며 응원할 때 우리는 같은 국민으로서 동질감을 느낀다. 그렇지만 그런 동질감은 뒷면의 착취 관계를 감출 뿐이다. 김연아 선수를 광고 모델로 삼아 에어컨 시장을 평정해온 한 대기업은, 그 에어컨을 설치하는 기사를 자기 회사 직원으로 인정하지 않는다. 에어컨 설치 기사들이 아파트 10층 외벽에서 아슬아슬하게 작업할 때 그 대기업은 아무런 안전장치도 주지 않고, 사고가 나더라도 책임을 지지 않는다. 협력 업체 소속 직원이라는 핑계를 댈 뿐이다. 그러면서 작업하기 불편한 '정장에 구두 차림'은 의무로 강제한다.●

그나마 평화로울 때는 이 정도에 그친다. 유사시에 부르주아지는 '민족의 이름'으로 노동자들을 전쟁터로 떠민다. '국가와 민족'이 누구의 것인지 알려면 그 말을 내세워 누가 가장 이익을 얻는지 보면 된다.

둘째, 노동자들에게 조국이 없다는 말은 노동자 계급에게 '아직'은 나라가 없으니 '앞으로' 자기 나라를 만들어야 한다는 뜻이다. 《선언》을 쓸

---

● 〈삼성전자서비스, 안전보건법 위반 21만건〉, 《프레시안》 2014년 3월 25일.

때 유럽의 '운동권'들 앞에 놓인 과제는 자기 나라의 군주, 봉건 귀족, 교회 세력을 몰아내고 입헌 국민 국가를 세우는 것이었다. 산업혁명을 거친 영국 정도가 이런 과제를 지나와서 선거권 확대를 요구하고 있었다. 대부분의 나라에서 노동자들은 왕의 신민臣民일 뿐 형식적인 국민도 되지 못했다. 그러므로 노동자들은 구체제를 타파하는 운동에 앞장서서 그 나라 운동을 대변하는 '국민을 이끄는 계급'이 돼야 한다. 마르크스와 엥겔스도 1848년 봄에 혁명이 터지자 '조국' 독일의 민주주의 운동에 뛰어든다. 두 사람은 독일 노동자 계급에게 부르주아지하고 협력해 싸우자고 촉구했다. 그렇지만 독일 부르주아지들은 노동자들이 바리케이드에서 싸우는 동안 비겁하게 지배층과 타협하고 말았다.

노동자들에게 조국이 없다는 말의 이 두 의미는 모순되지 않는다. 나라마다 운동의 발전 단계가 다르기 때문이다. 노동자 계급은 국익이나 민족 이데올로기에 갇혀 서로 싸우면 안 된다. 그러나 노동자 계급은 그 나라 국민 대부분의 절박한 요구를 대변하고 앞장서 싸우는 세력이어야 한다. 이런 과제가 얼마나 어려운지를 우리는 역사 속에서 보게 된다.

19세기 말, 참정권을 얻은 서유럽의 노동자 계급은 지배 계급을 위협할 만큼 커다란 정치 세력으로 성장했다. 부르주아지는 임금 인상과 복지 혜택 등 '당근'을 나눠주며 노동 운동을 체제 안으로 끌어들였는데, 식민지를 잔인하게 수탈해 가져온 돈이었다. 마르크스는 "한 국가 안에서 계급 대립이 사라지는 정도에 따라 한 국가가 다른 국가를 상대로 벌이는 적대 행위도 끝이 날 것"이라고 예상했다. 그런데 선진국 내부의 '계급 대립'이 줄어드는 데 견줘 선진국과 약소국(식민지) 사이의 착취와 적대는 더 심해졌다. 역사학자 에릭 홉스봄이 말한 대로 외부를 향한 제국주의는 '내부의 계급 간 접착제'로 구실했다. 식민지에서 얻은 초과 이윤을 나눠 가진 노동자 계급은 부르주아지가 호소하는 '조국 방어 전쟁'에 스스로 참여했다. 그게 1차 대전이다. 비극은 독일, 프랑스, 영국 등 열강들의 제국주의 야욕이 충돌한 이 전쟁을 여러 나라의 사회주의 정당들이 찬성했다는 사실이다. 독일 제국의회의 최대 야당인 독일 사회민주당 의원들은 전쟁 공채 발행에 동참했다. 그 결과는 천만 명이 넘는 노동자와 농민의 떼죽음이었다.

반대의 태도가 낳은 오류는 한국의 해방 정국에서 찾아볼 수 있다. 1945년 8월 15일 조선이 독립할 때 조선공산당은 가장 대중적인 지지를 받는 정치 세력이었다. 놀랍겠지만 사실이다. 민족주의 지식인들도 중국이나 미국에서 독립운동을 했지만, 조선 땅에서 일제의 잔학한 탄압에 맞서 싸우며 노동 운동과 농민 운동을 이끈 공산주의자들이야말로 진짜 독립투사라는 생각이 널리 퍼져 있었다. 미군정도 조선공산당을 건국 과정에 참여시키려 했을 정도다.

그러나 1945년 12월 모스크바 3상 회의를 기점으로 상황은 뒤집힌다. 미국, 영국, 소련의 외무부 장관들은 조선을 독립시키되 5년 동안 신탁 통치하기로 결정했다. 조선의 여러 세력들 중에서 아무도 압도적인 주도권을 갖고 있지 않은 상황에서 신탁 통치는 어느 정도 합리적인 방안이었지만, 일제에서 갓 해방된 대중들의 정서에는 전혀 맞지 않았다. 이런 상황을 제대로 파악한 이승만 등 우익 세력은 신탁 통치를 또 다른 식민 통치로 규정해 반탁 운동을 선언했다. 반면 조선공산당은 머뭇거리다 신탁 통치를 지지했다. 소련이 그렇게 지시했고, 또 어차피 조선공산당을 지지하는 여론이 높으니 신탁 통치가 끝난 뒤 자기들이 주도권을 쥘 수 있다고 생각했다. 그러자 이승만은 "공산주의자들은 소련을 조국이라 부른다

1946년 1월 3일, 서울운동장(옛 동대문운동장)에서 서울시 인민위원회가 연 민족통일자주독립시민대회. 조선공산당 등 좌파 정당과 단체들이 모여 1945년 12월 모스크바 3상 회의에서 결정된 신탁 통치안을 지지했다.

1차 대전 때 독일에서 만든 전시 공채 판매 포스터. 철망에 갇힌 독일군을 구할 전투기를 띄울 돈을 모으자고 호소한다.

니 가서 소련을 섬기라고 하자. 우리는 우리나라를 찾아서 잘하든 못하든 우리 뜻대로 만들어가겠다"는 연설을 하며 조선공산당을 수세로 몰아넣었다. 신탁 통치 정국은 세력도 없고 민중의 투쟁에 함께한 적도 없는 이승만을 단번에 민족 지도자로 띄우고 정작 일제에 맞서 타협 없이 싸워온 조선공산당을 민족 반역자이자 매국노로 만들었다. 세력 관계가 완전히 뒤집어지자 미군정은 이 틈을 노려 드러내놓고 탄압하기 시작했고, 조선공산당은 공식 정치 무대에서 밀려나고 만다. 조선공산당은 조선 민족의 다수를 대변하는 '국민을 이끄는 계급'이 되는 길을 찾아내지 못했다. 계급적 이해관계와 민족적 이해관계를 지혜롭고 주체적으로 결합하지 못한 채 스스로 무덤을 파버린 셈이었다.

종교와 철학, 그리고 일반적으로 이데올로기의 관점에서 공산주의에 쏟아지는 비난은 딱히 진지하게 살펴볼 가치가 없다.

인간의 물질적 존재 조건, 사회적 관계, 사회적 삶에서 일어나는 모든 변화에 더불어 인간의 이념, 견해, 개념까지, 한마디로 인간의 의식이 바뀐다는 사실을 이해하는 데 얼마나 더 깊은 통찰이 필요할까?

이념의 역사는 물질적 생산이 변화하는 정도에 따라 정신적 생산도 변화한다는 사실 말고 무엇을 증명해줄까? 한 시대의 지배적 이념은 늘 지배 계급의 이념이었다.

사회에 혁명을 일으키는 이념에 관해 말할 때 사람들은 그저 낡은 사회 안에서 새로운 사회를 구성하는 요소들이 만들어졌고 낡은 존재 조건들이 소멸하는 흐름에 맞춰 낡은 이념도 소멸한다는 사실을 말할 뿐이다.

고대 세계가 단말마의 고통을 겪고 있을 때 고대 종교들은 기독교에 정복됐다. 기독교 사상이 18세기에 계몽주의 사상에 굴복할 때, 봉건 사회는 그때만 해도 혁명적이던 부르주아지에 맞서 생사를 건 투쟁을 벌였다. 양심의 자유와 종교의 자유라는 이념은 지식 영역도 자유 경쟁이 지배한다는 사실을 명확히 드러낼 뿐이다.

사람들은 말할 것이다. "종교, 도덕, 철학, 정치, 법 이념은 역사가 발전하는 과정에서 계속 바뀌어왔다. 그러나 종교, 도덕, 철학, 정치, 법은 이런 변경 속에서도 변함없이 살아남았다." 게다가 자유나 정의처럼 모든 사회 상태에 공통된 영원한 진리가 있다. 그런데 공산주의는 이 영원한 진리를 폐지하고, 종교와 도덕을 새로운 토대 위에 세우는 대신에 모든 종교와 모든 도덕을 아예 없앤다. 따라서 공산주의는 지난날의 모든 역사적 경험에 모순된다."

이런 비난은 어떤 처지에 놓이게 될까? 이제까지 모든 사회의 역사는 계급 대립의 발전 속에서 이어졌고, 이런 적대는 각 시대마다 서로 다른 모습을 띠었다.

그러나 계급 대립이 어떤 형태를 취했든 지난 모든 시대에 공통된 사실이 하나 있다. 바로 사회의 한쪽이 다른 한쪽을 착취하는 현실이다. 그래서 지난 시대의 사회적 의식은 아주 다양하고 잡다한 모습을 띠면서도 어떤 공통된 형태들 안에서 움직인다는 것, 아니 계급 대립이 말끔히 소멸해야만 완벽히 사라질 수 있는 일반적 이념들 속에서 움직인다는 것은 조금도 놀랍지 않다.

공산주의 혁명은 관습이 된 소유 관계들하고 가장 근본적으로 단절하는 일이다. 혁명이 발전하면서 관습이 된 이념들하고 가장 근본적으로 단절하게 되는 것은 조금도 놀랍지 않다.

그렇지만 공산주의를 향해 부르주아지가 쏟아붓는 비난은 이쯤에서 내버려두자.

## "그래봐야 국민 의식이 너무 저열해"라고?

마르크스에 앞선 학자와 사회운동가들도 종교와 자본주의를 비판하기는 했지만 겉으로 드러난 부정적인 면만 얘기했다. 이를테면 포이어바흐는 "천상 가족의 비밀은 지상 가족"이라며 종교는 현실의 소망을 거꾸로 투영한 것에 지나지 않는다고 지적했다. 또한 그때부터 지금까지 많은 종교인들도 자본주의 체제에서 사람들이 배금주의와 물질만능주의에 젖어 있다고 탄식했다.

　마르크스라면 이렇게 말할 것이다. "그래, 종교는 현실의 도피처일 뿐이다. 그런데 그 사실을 안다고 '묻지 마 신앙'이 사라질까? 현실에서 사람들이 겪는 고통을 없애야 종교 문제도 해결되지 않을까? 사람들의 물질만능주의를 한탄하고 의식 개혁을 호소한다고 자본주의의 문제가 해결될까? 돈에 매달릴 수밖에 없는 사회적 관계를 바꿔야만, 소득 불평등을 해결하고 사적 자본을 통제해야만 물질만능주의도 사라지지 않을까?"

　이데올로기는 역사적으로 발생한 것이며, 그 시대의 물질적 조건과 사회적 관계의 산물에 지나지 않는다. 마르크스는 "지배적 이념은 지배 계급의 이념"이라는 말로 이 점을 간단히 정리한다. 신에게 복종하라고 가르치는 시대는 교회가 지배하는 시대고, 기업이 살아야 나라가 산다고 설파하는 시대는 자본가들이 지배하는 시대다.

네덜란드 독립 전쟁 중 시민들을 학살하는 스페인 군대.

"양심의 자유와 종교의 자유라는 이념은 지식 영역도 자유 경쟁이 지배한다는 사실을 명확히 드러낼 뿐이다." 이 말은 부르주아 자유 시장과 자유 경쟁 체제가 봉건 체제에 맞서 싸울 때 그 싸움이 어떤 이념으로 표현됐는지를 말해준다. 대의명분은 양심의 자유와 종교의 자유였지만 속내는 이해관계를 두고 싸웠다. 이를테면 16세기 말 네덜란드 상인 부르주아들이 스페인 지배자들에 맞서 싸워 독립을 쟁취했을 때 네덜란드 신교도 부르주아들은 가톨릭교도의 억압 아래에서 '종교 자유'를 위해 싸운다고 말했다. 스페인은 종교 재판을 해 이단자를 화형에 처하는 나라였으니 틀린 말은 아니다. 그러나 이 싸움에서 승리한 네덜란드는 양심의 자유만 얻은 게 아니다. 덤으로 세계 최대의 상업 국가로 발돋움했고, 스페인의 뒤를 잇는 세계 식민 국가가 됐다. 의식이나 이념은 결코 제 혼자서 나타나지 않으며, 지구를 도는 달처럼 사회 형태와 사회 관계를 중심으로 나타나고 사라진다.

이런 사람들이 있다. 세상을 조금이나마 좋게 만들어가려는 개혁가들에게 "그래봤자 안 바뀌어. 국민 의식이 너무 저열해" 같은 말을 툭툭 던지는 사람들. 그런 냉소적인 사람들은 스스로 대단한 통찰이라도 한 것처럼 굴지만 사실 마르크스가 한 비판처럼 이데올로기에 사로잡혀 있을 뿐이다. 낮은 의식은 낮은 사회 구조의 산물일 따름이다. 새로운 사회 요소들이 낡은 요소를 조금씩 대체할 때, 낡은 조건에 연관된 낡은 이념이 조금씩 해체될 때 새로운 이념도 확대된다. 그렇다면 뭘 해야 할까? 냉소나 보낼 게 아니라 아주 작은 것이라도 새로운 사회 요소를 만들어야 한다. 진보 정당, 노동조합, 시민단체, 협동조합, 풀뿌리 자치 공동체, 비판적 학습 공간 등 돈보다 사람을 중시하는 관계를 곳곳에 많이 만들자. 또는 이런 요소들을 후원하자. 그게 사람들의 낡은 의식을 바꾸는 길이다.

이제까지 우리는 노동 계급이 이끄는 혁명의 첫걸음은 프롤레타리아트를 지배 계급으로 끌어올리고 민주주의 투쟁에서 승리를 거두는 것이라는 사실을 살펴봤다.

프롤레타리아트는 정치적 지배권을 활용해 부르주아지에게서 모든 자본을 점차 빼앗고, 모든 생산 도구를 국가의 손안에, 곧 지배 계급으로 조직된 프롤레타리아트의 손안에 집중시키며, 되도록 빨리 전체 생산력을 증대시키게 될 것이다.

물론 이런 일은 처음에는 소유권과 부르주아적 생산 관계를 전제적 방식으로 침해하지 않으면 실행될 수 없다. 그러므로 이 조처들은 경제적으로는 충분하지 못하고 안정되지 않은 듯 보일 수 있지만, 운동이 진행되는 동안 자기 자신을 앞질러 낡은 사회 질서를 더욱 깊이 침해하게 만드는 데 필요한 한편 생산 양식을 완전히 변혁하는 수단으로 쓰지 않을 수 없는 조처들이다.

이런 조처들은 나라에 따라 달라질 수밖에 없다.

그렇지만 가장 진보한 나라들에서는 이런 조처들이 아주 일반적으로 적용될 수도 있다.

❶ 토지 소유의 폐지와 지대를 국가 경비로 전용.

❷ 높은 누진 소득세.

❸ 모든 상속권의 폐지.

❹ 모든 망명자와 반역자가 소유한 재산의 압류.

❺ 국가 자본과 배타적 독점권을 보유한 국립 은행을 활용해 국가의 은행에 신용을 집중.

❻ 국가의 수중으로 통신 수단과 교통수단을 집중.

❼ 국가 소유 공장과 생산 도구의 증설. 공동 계획에 따른 전반적인 토지 개간과 농업 개량.

❽ 모든 사람에게 똑같이 지워지는 노동의 의무. 특히 농업에 필요한 산업 군대의 창설.

❾ 농업과 공업의 결합. 더 균등한 인구 분산을 거쳐 도시와 농촌의 모든 차이를 점진적으로 해결.

❿ 공립 학교에 다니는 모든 아동의 무상 교육. 지금 같은 형태의 아동 공장 노동의 폐지. 교육과 공업 생산의 결합 등등.

## 마르크스, 프롤레타리아 지배를 선보이다

2장을 마무리하며 마르크스는 혁명의 경로와 조치들을 밝힌다. 프롤레타리아트가 정치권력을 장악해 지배 계급이 되고 민주주의를 쟁취하는 게 시작이다. 마르크스는 나중에 《고타 강령 비판》*에서 이 단계를 '프롤레타리아트 독재'라고 부른다. 노동자 계급이 혁명에 성공하더라도 완전한 공산주의로 이행하기 전까지는 부르주아 계급의 반혁명을 억누르고 여러 사회 조치를 실행하기 위해 노동자 계급의 '과도적'인 독재가 필요하다는 것이다.

'지배'니 '독재'니 하는 말 때문에 안 그래도 공산주의에 갖고 있던 알레르기 반응이 심해진다고? 게다가 그런 단계에 '민주주의'라는 이름을 붙이는 건 더 이상하다고? 그렇다면 현대 대의민주주의에 관해 한번 생각해 보자. 현대의 대의 민주주의는 선거라는 형식적인 권력 교체 절차를 갖추고는 있지만 기본적으로 소수 엘리트 집단들이 번갈아 집권하는 체계다. '새'누리당이나 '새'민련이나 조그만 차이는 있지만, 그 새가 그 새고 온갖 잡새가 아닌가. 서로 못 잡아먹어 안달인 것처럼 보이다가도, 부르주아 경제의 근본 전제인 사적 소유를 제한하는 데에는 똘똘 뭉쳐 저항한다. 민주주의로 분장해 있지만, 자본하고 이해관계를 같이하는 소수가 다수 노동자 계급을 지배하는 사회가 현대 대의제다. 공산주의 혁명에서는 이게 뒤집힌다. 민주주의democracy는 원래 '다수demos의 지배kratia'라는 뜻이다. 절대

---

● 1875년 독일에서 활동하는 두 노동자 조직인 사회민주주의 노동자당과 전독일노동자협회가 고타에서 통합 대회를 열고 독일 사회민주당을 창당했다. 마르크스는 이때 제안된 당 강령인 고타 강령이 원칙상 문제가 많다고 여겨 자기 생각을 지지자들에게 보냈다. 그 문서가 〈고타 강령 초안 비판〉이다.

다수인 노동자 계급이 권력을 잡고 소수 지배 계급을 억누른다면, 다수의 지배라는 점에서는 오히려 민주주의의 본래 의미에 가깝지 않을까?

아무리 그래도 '폭력적'이면 안 된다고? 혁명 세력이 사이코패스들도 아니고 무조건 폭력을 휘두르지는 않는다. 그렇지만 혁명 상황에서 노동자들이 "당신 공장을 사회의 공유 재산으로 내놓으시오" 했는데 사장이 "싫다"고 답하면, "할 수 없죠" 하고 물러나야 할까? 무슨 그런 혁명이 있을까? 자본주의 임금 노동으로 돌아가지 않으려면 민중은 힘으로 공장이나 토지를 사회화해야 한다. 상대의 의지를 거스르는 강제 조치를 마르크스는 폭력이라고 한다. 우리가 익숙해져서 그렇지 일상적인 국가 권력도 커다란 폭력을 행사하고 있다. 세금 납부부터 교통 신호 지키기나 송전탑 건설을 위한 반강제 농지 수용까지, 국민의 뜻에 상관없이 국가가 마음대로 실행하는 일은 한두 가지가 아니다. 프롤레타리아트도 정치권력을 장악해 그렇게 한다는 말이다.

마르크스와 엥겔스는 19세기 다른 사회주의자들하고 다르게 국가와 정치권력을 공산주의로 나아가는 중요한 지렛대로 이해했다. 마르크스를 경제가 상부 구조를 완전히 결정한다는 '경제결정론' 또는 '하부 구조 결정론'의 주창자로 이해하는 시각은 그래서 잘못이다. 마르크스는 정치권력이 경제적 관계를 유지하거나 변화시키는 데 반드시 필요하다고 봤다. 인간이 역사적 조건의 영향을 받는다고 인정하면서도 마르크스는 "인간이 자기들의 역사를 써 나가는 것"이라고 확신했다.

정치권력을 쥔 프롤레타리아트는 자본과 생산 도구를 사적 소유에서 빼앗아 국가로 집중시키는데, 생산력을 빠르게 성장시켜 사회 전체의 부를 늘려야 하기 때문이다. 공산주의로 완전히 이행하는 필수 조건은 '사회적 부의 충분한 창출'이다. 이때 생산 수단을 국가로 집중한다는 얘기가 단순히 국유화를 뜻하는지, 노동자들의 자율적 경영을 뜻하는지, 현대의 철도나 가스 산업의 공기업처럼 운영하는 것인지 확실하지는 않다. 다만 마르크스는 국가 권력의 획득을 혁명의 최종 목표로 보지 않았다. 낡은 사회를 벗어나 새로운 사회로 이행하는 데 국가가 필요했을 뿐이다.•

《선언》에 나오는 10대 조치는 혁명적인 조치라고 부르기에는 왠지 소박하다. 이를테면 '모든 사적 소유의 즉각 폐지!' 같은 주장은 들어 있지 않다. 마르크스는 혁명의 전망을 장기적으로 제시하지만, 지금 프롤레타리아트 운동의 수준이 혁명을 수행할 만큼 준비돼 있지 않다는 사실도 알았다. 그래서 이 조치들이 "충분하지 못하고 안정되지 않은 듯 보일 수 있다"고 인정한다. 혁명적인 구호나 조치보다 현실의 계급 투쟁에서 프롤레타리아트가 정치적이고 조직적으로 단련되고 확실하게 전진하는 것이 더 중요하다고 마르크스는 생각했다.

아무리 소박해도 소유권에 관한 '전제적 방식의 침해'인 한 부르주아지의 반발도 당연히 거셀 테니, "운동이 진행되는 동안 자기 자신을 앞질러 갈 것"이라고 마르크스는 내다봤다. 지식인들이 책상에 앉아 '혁명적 100대 강령' 따위를 쓰는 게 무슨 소용이 있을까? 한 다스의 강령보다 현실 운동의 한 걸음이 더 중요하다고 마르크스는 말한 적이 있다.•• 필요한 건 운동을 일단 궤도에 올려놓는 일이고, 한번 올라가기만 하면 운동

---

• 나중에 마르크스는 파리 코뮌을 목격한 뒤 "노동자 계급이 기존의 국가 기구를 단순히 접수해 그것을 자기 자신의 목적을 위해 움직이게 할 수는 없다"(《프랑스 내전》)고 국가에 관한 견해를 밝혔다.
•• 칼 마르크스, 〈고타 강령 초안 비판 서문〉, 《칼 맑스 프리드리히 엥겔스 저작 선집 4》, 박종철출판사, 1997.

고타 강령을 만든 두 주역, 아우구스트 베벨(왼쪽)과 페르디난트 라살(오른쪽)

은 스스로 내달리며 장애물을 뛰어넘어 나아간다. 마르크스는 여러 나라
의 공산주의자들도 프롤레타리아트 운동의 상황에 맞게 창조적으로 요구
조건을 제시하기를 바랐다. 《선언》이 출간된 뒤 독일에서 혁명이 일어나자
공산주의자 동맹은 부르주아지를 끌어들일 생각에 10대 조치보다 누그러
진 요구를 신문에 실어 선전하기도 했다. 마르크스는 절대로 교조적인 원
칙에 따라 현실 운동을 재단하는 사람이 아니었다.

　　여기서 제시한 10대 조치를 보면 마르크스와 공산주의자 동맹이 생각
하는 운동의 '아우트라인'을 알 수 있다. 먼저 생산 수단의 사회화는 빼놓
을 수 없다. 토지, 은행(신용), 공장, 통신과 교통, 생산 도구(여러 기계) 등
사회 인프라와 제조 산업을 사회화하고 늘리려 한다. 이 산업은 자본주의
적 경영하고 다른 '공동 계획'에 따라야 한다. 모든 사람에게 똑같은 노동
의 의무를 지운다는 점이 흥미롭다. 노동 자체를 숭배한 결과라기보다는,

노동량을 공평하게 나눠 모든 사람의 노동 시간을 함께 줄이려는 시도로 보인다. 누진 소득세, 상속권 폐지, 망명자와 반역자 재산의 압류는 부르주아지가 갖고 있던 재산과 자본을 사회로 되돌리려는 조치다. 아동 노동을 줄이고 공공 무상 교육을 실시하는 방안은 아동 인권을 위한 조치이면서, 사회를 이끌 후속 세대를 키워 장기적으로 사회적 생산력을 발전시키려는 시도로 보이기도 한다. 교육과 생산을 결합한다는 내용도 흥미롭다.

누진 소득세, 아동 노동의 폐지, 기간산업의 국유화(또는 공기업화) 같은 10대 조치의 몇몇 항목은 그 뒤 자본주의 국가에서 사회 제도로 자리 잡았다. 마르크스의 말대로 시대와 사회에 따라 이 조치들은 달라질 테니, 오늘날 《선언》을 쓴다면 어떤 조치를 고치고 또 새롭게 제시해야 할까?

발전 과정이 이어지는 동안 계급의 차이는 사라지고, 모든 생산이 전국에 걸친 드넓은 연합체의 손안에 집중되며, 공적 권력은 정치적 성격을 잃게 될 것이다. 이른바 정치권력이란 한 계급이 다른 계급을 억압하려고 만든 조직된 힘일 뿐이다. 프롤레타리아트가 부르주아지에 맞서는 투쟁을 하다 상황의 힘에 따라 계급으로 조직돼야 한다면, 혁명을 거쳐 스스로 지배 계급이 된 뒤 지배 계급의 자리에서 낡은 생산 관계를 폭력적으로 일소해버린다면, 그다음 프롤레타리아트는 이런 낡은 생산 관계들에 더해 계급 대립과 계급 일반이 존재할 수 있는 조건을 일소해버릴 테고, 마침내 계급으로서 자기 자신의 지배도 폐지할 것이다.

계급과 계급 대립으로  낡은 부르주아 사회가 있던 자리에 개인의 자유로운 발전이 전체의 자유로운 발전의 조건이 되는 연합체가 들어설 것이다.

## 괴물 되기를 멈추자, 두려움 없이 달라지자

사회 진출을 앞둔 대학생들이 한 인터뷰를 보다가 가슴이 먹먹했다. "친구랑 같은 회사 면접을 보러 갔는데, 걔가 면접 끝나고 자기는 완전히 망한 것 같다고 하더라고요. 대답을 잘 못했다고. 그때 속으로 '내가 너는 제쳤다' 했어요. 나중에 마음이 그렇더라고요. 내가 정말 괴물이 됐구나……."

우리는 동료가 잘하면 시기하고 동료가 삐끗할 때 기뻐하는 괴물들일까? 설마! 우리는 결코 다른 사람의 불행을 바라는 악마가 아니다. 넘어져 우는 아이, 어미 잃은 고양이, 먼 나라에서 일어난 지진 소식에 마음이 불편해진다. 커다란 재해를 겪은 사람들을 보면 연대 의식하고 함께 돕고 싶은 마음이 자연스럽게 든다. 그렇다면 무엇이 우리를 종종 '괴물'로 바뀌게 하는 걸까? 이 반복되는 의자 뺏기 게임, 자기가 살려면 남을 밀어뜨려야 하는 무한 경쟁의 체제다.

마르크스는 말한다. 괴물 되기를 멈추자고, 인간과 노동이 소외되는 사회를 끝내자고 말이다. 다른 사람의 발전과 나의 발전이 하나로 이어지는 그런 사회를 만들자고 말이다. 서로 진심으로 축하하고 진정으로 위로하는 사회, 철학자 아도르노가 '사람들이 두려움 없이 서로 달라질 수 있는 사회'라고 부른 그런 공동체를 말이다. 마르크스는 한결같이 주장한다. 어떤 사회를 바란다면 거기에 걸맞은 사회적 조건과 사회적 관계를 만들어야 한다고.

앞에서 프롤레타리아트의 정치권력 획득, 민주주의 쟁취, 생산 수단의 사회화, 생산력의 증대를 말했다. 다음 단계는 뭘까? 프롤레타리아트의 지배마저도 넘어 계급이 폐지된 공산주의 사회로 나아가야 한다. 자본을 사회로 되돌리고 반혁명을 억누르는 데 국가 권력이 필요했지만, 계급이 사라지면 국가는 더는 할 일이 없다. 국가는 굳이 폐지할 필요도 없다. 엥겔스에 따르면 국가는 자연스럽게 '소멸'된다. 그때 사회는 "개인의 자유로운 발전이 전체의 자유로운 발전의 조건이 되는 연합체"가 된다. 줄여서 '자유로운 개인들의 연합'이라 하자.

'자유로운 개인들의 연합'은 어떤 모습일까? 자본주의 체제에서 살아가는 우리는 자본주의가 아닌 사회를 그려내는 데 한계가 있을 수밖에 없다. 그 사회를 상상해보는 노력 자체가 자본주의를 넘어서는 실천일지도 모른다. 먼저 마르크스의 작업을 바탕으로 해 할 수 있는 데까지 그 사회의 특징과 원리를 추리해보자.

무엇보다 마르크스가 예상한 공산주의는 '개인'에 초점을 맞춘다. 소련이나 북한을 알고 있는 우리에게 공산주의가 주는 이미지는 '개성 없는 전체주의'다. 사실 우리의 고정 관념하고 다르게 마르크스는 평등보다 개성을, 인간 개성의 자유로운 발전을 강조했다. 공산주의를 '모두 똑같은 월급을 받는 것'하고 같다고 보는 생각을 마르크스는 경멸했다. 현실 사회주의에서 '식량 배급'이 진행된 사실을 안다면 기겁할지도 모른다. 마르크스가 임금 노동의 폐지, 분업의 지양, 사적 소유의 철폐를 외친 까닭은, 모두 사람을 하나의 단조로운 작업에 평생 매어놓는 조건을 깨부수고 저마다 지닌 개성과 잠재력을 맘껏 꽃피우게 하는 데 있다.

다만 마르크스가 주목하는 '개인'은 부르주아 개인주의하고는 다르다. 부르주아들이 생각하는 개인은 서로 아무런 관련도 없이 오로지 자기 이익만 크게 하려고 발버둥치는 존재들이다. 그런 개인들이 서로 이익을 위해 '계약'을 맺은 사회가 부르주아들의 '시민사회'다. 반면 마르크스는 공산주의 사회에서 개인은 '사회적 인간'이며 개인들로 구성된 사회는 '인간적 사회'가 된다고 말한다. 그게 어떤 인간이고 어떤 사회인지는 우리가 경험한 여러 모습에서 짐작해볼 수 있다.

자연 때문이든 인간 탓이든 커다란 재난이 닥치면 다들 저만 살려고 달아나거나 다른 사람을 짓밟을 것 같지만, 오히려 그 폐허 속에서 서로 돕고 나누는 공동체가 불사조처럼 떠오른다. 오직 인간이라는 이유로 낯선 사람들끼리 음식을 나누고 위로를 주고받으며 때로는 목숨까지 희생하기도 한다.

명함이나 신용 카드나 고급 자가용처럼 부르주아 사회에서 '개성'을 드러내는 모든 것이 사라진 자리에 인간 본연의 개성이 어느 때보다 분명히 드러난다. 보통 때 우리는 많은 명함을 건네받고도 누가 누구인지 기억하지 못하지만, 이런 때에는 자기가 먹을 빵을 떼어 내게 나눠준 이름 모를 사람의 눈빛, 외모, 말투, 동작 하나하나를 생생히 기억한다. 마르크스가 말한 인간적 사회와 사회적 인간은 우리 안에 끊임없이 흐르는 공동체적 본성에서 출발한다. 공산주의는 그 본성을 최대한으로 끌어내고 발전시킬 '새로운 인간 조건'을 만든다.

그 새로운 인간 조건은 무엇일까? 첫째, 생산력의 충분한 발전이다. 마르크스가 앞에서 자본주의를 '부르주아보다 더 열렬히' 치켜세운 이유는 자본주의 생산 방식이 사회적 부를 늘리려면 둘러갈 수 없는 역사적 단계이기 때문이다. 곳간에서 인심 나는 법이다. 마르크스는 자본주의가 밉다고 중세 시대의 경제를 그리워하는 건 아무짝에도 소용없다고 봤다. 먼저 자본주의를 폐지한 다음에 관해서 마르크스는 《고타 강령 비판》에서 '낮은 단계의 공산주의'에서 '높은 단계의 공산주의'로 이행한다고 봤다. 앞의 것을 사회주의, 뒤의 것을 공산주의라고 부르기도 한다. 계급을 완전히 폐지하려면 부를 놓고 다투지 않아도 될 환경을 만들어야 한다.

낮은 단계의 공산주의에서는 생산력 수준도 낮고 사람들의 의식과 습속은 아직도 과거에 뿌리박혀 있다. 여전히 분업이 남아 있는 이 사회에서는 각자 일한 양을 적은 증서를 갖고 와 그만큼의 생활 수단으로 바꾼다. 생산력이 충분히 발전하고 낡은 의식에서도 벗어날 때 사회는 높은 단계의 공산주의로 나아간다. 이제 개인들은 한 가지 작업에 매이지 않으며 자기가 바라는 대로 자기를 발전시킬 기회를 얻게 된다. 이 사회에서는 노동 증서로 생활 수단을 얻는 교환도 사라지고 누구나 자유롭게 필요한 것을 얻는다.

개인들의 전면적 발전과 더불어 생산력도 성장하고, 조합적 부의 모든 분천噴泉이 흘러넘치고 난 뒤에, 그때 비로소 부르주아적 권리의 편협한 한계가 완전히 극복되고, 사회는 자신의 깃발에 다음과 같이 쓸 수 있게 된다. 각자는 능력에 따라, 각자에게는 필요에 따라!●

그러나 생산력의 발전만으로는 부족하다. 둘째 조건은 노동 시간의 단축이다. 아무리 유토피아 사회라도 마법으로 의식주를 해결할 수는 없으므로, 사회적으로 필요한 노동은 서로 나누어 해야 한다. 다만 발전한 생산력 덕분에 필요 노동 시간을 최소로 하고 여가 시간은 최대로 할 수 있다. 마르크스는 《자본》에서 노동 시간의 획기적 단축이야말로 "필연의 왕국에서 자유의 왕국으로" 나아가는 기본 조건이라고 힘줘 말한다. 자본주의 체제에서 로봇 기술이나 컴퓨터 기술은 실업자를 늘린다. 그렇지만 공산주의 사회에서 기술 혁신은 자유 시간을 늘린다. 그런데 마르크스가 생산력을 강조한 맥락을 잘못 이해하면 마치 '부국강병'이나 '강성대국'이 마르크스의 목표라고 오해하게 된다. 현실 사회주의 국가는 생산력 증강에만 매달려 초대형 건물, 인공위성, 핵무기 따위로 자본주의를 상대로 경쟁하려 애썼다. 그러나 마르크스에게 생산력은 노동 시간을 단축하는 수단이며, 노동 시간의 단축은 인간 개성과 자유의 조건이다.

노동 시간 단축은 우리가 궁극적으로 꿈꾸는 '행복'의 조건이기도 하다. 국내총생산GDP로 측정할 수 없는 '행복지수'를 연구하는 미국의 통계학자 닉 마크스는 행복을 향상시키는 다섯 가지 방법이 있다고 한다. 첫째, 관계를 맺어라, 둘째, 활동하라, 셋째, 주변의 작은 일에 관심을 가져라, 넷째, 끊임없이 배워라, 다섯째, 주어라. 이렇게 우리들이 다른 사람하고 아무 사심 없이 관계를 맺고, 의미 있는 일에 도전하며, 자연의 변화나 가족의 작은 일에도 관심을 갖고, 철학이든 라틴 댄스든 새로운 샐러드 요리

든 새로운 지식을 배우며, 남들에게 먼저 베풀 수 있으려면, 무엇보다 그럴 시간적 여유가 있어야 한다. 학생은 공부 노동, 주부는 가사 노동, 직장인은 생계 노동에 시달리는 자본주의 사회에서는 행복해지는 방법을 알아도 실천할 수 없고, 그래서 더 행복에서 멀어진다.

마르크스 시대에는 생산력을 양적으로 성장시켜야 했지만, 현대 자본주의의 생산력은 모든 지구인을 먹이고 입히는 데 충분하다. 500년 전 토마스 모어는 《유토피아》에서 하루 6시간 노동으로 살아가는 사람들을 상상했고, 1930년대 존 메이너드 케인스는 생산성이 8배 정도 성장한다는 전제 아래 "100년 뒤에는 일주일에 15시간 정도만 일해도 충분히 살아갈 것"이라 전망했다. 케인스처럼 자본주의를 옹호한 경제학자도 앞으로는 하루 3시간 정도 일하면 된다고 본 셈이다. 한국의 일인당 국민소득은 이미 30년 전보다 8배 넘게 성장했다. 공산주의까지 안 가더라도, 노동 시간을 줄일 수 있는 조건은 갖춰져 있다.

끝으로 하나만 더. '자유로운 개인들의 연합'은 모든 것이 완벽한, 젖과 꿀이 흐르는 '유토피아'가 아니다. 마르크스는 다만 사적 소유가 존재하던 역사를 인류의 '전사前史', 곧 지나간 역사라고 했다. 그렇다면 공산주의는 인류의 '본사本史', 본격적인 역사를 열어젖히는 셈이다. 자본주의 이후에도 인류는 여전히 예상하지 못한 많은 문제들을 만나 씨름해야 할 것이다. 강도 10의 대지진이 날 수도 있고, 해파리 외계인이 침공할 수도 있으며, 사람들 사이에 크고 작은 갈등은 여전할 수 있다. 그렇지만 적어도 그

● 칼 마르크스, 〈고타 강령 초안 비판 서문〉, 《칼 맑스 프리드리히 엥겔스 저작 선집 4》, 박종철출판사, 1997.

토머스 모어의 유토피아를 그린 삽화.

전하고는 전혀 다른 조건일 것이다. 적어도 돈의 논리가 사람을 지배하지 않는 조건에서, 자본에게 자기 노동을 착취당하지 않는 조건에서, 누구든 먹고살려고 획일적인 삶의 모델을 따르지 않아도 되는 조건에서 말이다. 그런 사회의 구호는 아마 이런 게 아닐까? "더불어, 마음껏!"

# 3장

# 사회주의와
# 공산주의 문헌

# 1. 반동적 사회주의

## 1) 봉건적 사회주의

프랑스와 영국의 귀족들은 역사적 지위 때문에 현대 부르주아 사회에 맞서는 팸플릿을 써야 할 소명을 받게 됐다. 1830년 프랑스 7월 혁명[1]과 영국의 개혁 운동[2]에서 이 귀족들은 가증스러운 벼락 출세자들 앞에 또다시 무릎을 꿇었다. 그 뒤 진지한 정치 투쟁은 전혀 불가능해졌다. 글쓰기 투쟁만 할 수 있을 뿐이었다. 그러나 문헌 영역에서도 왕정복고 시대[3]의 낡은 슬로건은 쓸 수 없었다.

귀족들은 사람들의 공감을 불러일으키려고 겉으로는 자기 이익은 상관없이 착취받는 노동 계급의 이익을 위해 부르주아지를 고발하는 고소장을 쓰는 척해야 했다. 이렇게 귀족들은 새로운 지배자를 비아냥거리는 풍자시를 읊조리면서도 다가올 재앙에 알리는 불길한 예언을 새 지배자의 귀에 대고 속삭여 복수를 감행했다.

이런 식으로 봉건적 사회주의가 나타났다. 반은 구슬픈 애가고 반은 비방문이며, 반은 과거의 메아리고 반은 미래의 위협이며, 때때로 신랄하고 재치 넘치며 날카로운 비판을 쏟아내 부르주아지의 마음속을 찔러대기도 했지만, 현대 역사의 진행 경로를 전혀 이해하지 못한 탓에 늘 우스꽝스러운 모습만 보여줄 뿐이었다.

귀족들은 자기 주위에 사람을 끌어모으려고 프롤레타리아트의 동냥자루를 깃발 삼아 손에 들고 흔들어댔다. 그런데 사람들은 그 대열을 뒤따르자마자 귀족의 엉덩이에 새겨진 낡은 봉건 시대의 문장을 본 뒤 불경한 웃음을 터뜨리며 흩어졌다.

프랑스 정통 왕조파의 한 분파와 청년영국[4]이 이런 좋은 볼거리가 돼줬다.

자기들이 쓴 착취 양식이 부르주아의 착취 양식하고는 달랐다고 지적하는 봉건주의자들은 아주 다른 데다 지금 보면 낡아 빠진 상황과 조건 아래 착취하던 과거를 잊고 있다. 자기들이 지배하던 시대에는 현대 프롤레타리아트가 결코 존재하지 않았다는 사실을 보여주면서도, 봉건주의자들은 현대 부르주아지가 그 시대의 사회 형태가 낳은 필연적 후예라는 사실은 잊고 있다.

게다가 이런 비판에 담긴 반동적 성격을 그다지 숨기지 않은 탓에, 봉건주의자들이 부르주아지에게 퍼붓는 비난의 요지는 결국 부르주아지 정권 아래에서 낡은 사회 질서를 완전히 괴멸시킬 운명을 지닌 계급이 발전하고 있다는 사실을 향하게 됐다. 부르주아지가 프롤레타리아트를 만들어낸다는 것보다는 혁명적 프롤레타리아트를 만들어낸다는 것 때문에 봉건주의자들은 부르주아지를 신랄하게 비난한다.

따라서 봉건주의자들은 정치적 실천을 할 때는 노동 계급에 맞선 모든 강압 조처에 당당히 함께하지만, 일상생활을 할 때는 온갖 호언장담을 자기 입으로 쏟아내면서도 산업이라는 나무에서 떨어진 황금 사과를 주워 모으거나 진리와 사랑과 명예를 양모와 사탕무 설탕과 감자 주정으로 맞바꾸느라 허리를 굽힌다.[5]

성직자가 언제나 지주하고 손잡듯이 성직자식 사회주의도 봉건적 사회주의하고 손잡는다.

기독교 금욕주의에 사회주의 색채를 덧붙이는 일만큼 쉬운 일도 없다. 기독교는 사적 소유와 결혼과 국가를 비난하지 않았던가? 대신 자선과 가난, 독신과 금욕, 수도원 생활과 교회를 설교하지 않았던가? 기독교 사회주의는 성직자가 귀족의 분노를 성스럽게 하는 성수일 뿐이다.

—

1 파리 시민, 학생, 노동자들이 1830년 7월 27일에서 29일에 걸쳐 봉기해 부르봉 왕조의 샤를 10세를 퇴위시켰다. 이 혁명은 루이 필립을 왕으로 세워 대부르주아지의 이해관계가 관철되는 입헌 군주정을 만드는 데 그쳤다. 루이 필립 체제는 1848년 2월 혁명으로 무너지는데, 이 기간을 7월 왕정이라고도 부른다.

2 영국의 선거법 개정 운동을 가리킨다. 산업 부르주아지가 이끈 이 운동으로 1831년 선거법 개정안이 의회를 통과한다. 그러나 재산 자격 때문에 노동자들에게는 선거 참여가 여전히 제한됐다.

3 1888년 영어판에 엥겔스가 붙인 주에 따르면 1660년에서 1689년의 영국의 왕정복고 시대가 아니라 1814년에서 1830년의 프랑스의 왕정복고 시대를 가리킨다.

4 프랑스 정통 왕조파는 1789년 혁명 이전, 그리고 나폴레옹 전쟁 뒤 왕정복고 시대에 프랑스를 통치하던 부르봉 왕조의 추종자들을 말한다. 청년영국(Young England)은 토지 귀족의 이해관계를 대변하고 산업 부르주아지를 견제하려는 목적에서 만들어진 보수적인 청년 단체다.

5 1888년 영어판에서 엥겔스는 이런 설명을 붙였다. "이것은 주로 독일에 해당되는데, 토지 귀족과 지방 유지들이 자기 영지 대부분을 관리인을 통해 경작하고, 대규모로 사탕무 설탕, 감자로 빚는 술을 생산한다. 부유한 영국 귀족들은 이것보다는 낫지만, 미심쩍은 주식회사 설립자들에게 자기 명의를 빌려줘 줄어드는 지대를 보상받는 방법을 알고 있다."

## 마르크스 이전의 여러 사회주의들

《선언》의 3장은 조금 지루할 수 있다. 마르크스는 사회주의와 공산주의 조류들을 특유의 조롱 섞인 말투로 비난하는데, 오늘날 독자들은 그 하나하나가 뭐가 그리 다른지 이해하기 쉽지 않다. 마르크스와 엥겔스도 1872년《선언》의 독일어판에서 3장과 4장은 그때(1872년) 기준으로 볼 때도 많이 낡았다고 인정했다. 1848년 혁명에 이어 그 뒤 자본주의가 발달하면서 《선언》을 쓸 때는 비판과 차별화가 시급하다고 여기던 사회주의 조류들이 대중에게 더는 영향을 미치지 못하게 됐다. 역사의 대홍수가 땅에 제대로 뿌리박지 못한 초목들을 휩쓸고 가버렸다.

그런데도 우리는 이 부분을 읽을 텐데, 먼저 《선언》은 하나의 유기적 전체라 이 부분은 읽고 저 부분은 빼고 할 수 없기 때문이며, 또한 이 사회주의 조류들 속에서도 가치 있는 유산을 발견할 수 있기 때문이다. 무엇보다 이 사회주의들은 마르크스가 자기 사상을 정립하는 데 소중한 밑거름이 됐다. 마르크스와 엥겔스의 사상은 '과학적 사회주의'고 다른 견해들은 낡고 비현실적이며 가치 없다는 식의 태도는 바람직하지 않다. 오늘날은 이른바 과학적 사회주의도 비판의 도마에 올라 있지 않은가? 마르크스가 이전의 사회주의에서 무엇을 흡수했고 무엇에 맞서 대결했는지 살피면서 마르크스의 사고와 방법을 추적해보자.

19세기 초 유럽에서는 사회주의와 유토피아 관련 문헌들이 크게 유행했다. 낡은 것은 아직 완전히 사라지지 않았고 새것은 충분히 뿌리내리지 못한 시대였다. 산업혁명과 프랑스 대혁명으로 봉건 사회는 곳곳에서 무너지거나 적어도 과거의 권위를 잃었다. 부르주아지는 빠르게 성장했지만, 여러 나라에서 아직 확고한 지배 계급이라 하기는 힘들었다. 《선언》 1장에 나타난 부르주아지의 그 당당한 위세는 미래의 가능성으로 존재할 뿐이었다. 어느 한 체제가 압도적이지 않을 때 인간은 미래를 놓고 자유롭게 상상의 나래를 펼치게 된다. 사유 재산도 없고, 감옥과 종교도 없으며, 일부일처라는 고루한 혼인 제도도 없는 이상적 공동체에 관한 상상이 지식인들의 마음을 사로잡아 이런저런 문헌이 나왔고, 한편으로는 노동자들을 비밀 결사, 봉기, 폭동의 길에 들어서게 만들었다.

《라인 신문》이 폐간되고 파리로 쫓겨온 마르크스는 1843년부터 자기 시대의 첨단 사상인 사회주의들을 '열공'한다. 잘 모르면 먼저 미친 듯이 파 들어가보는 게 마르크스의 태도였다. 프랑스 혁명까지 거슬러 올라가 문헌들을 훑은 마르크스는 '인간의 이성으로 조직된 사회'라는 유토피아주의의 목표를 받아들였지만, 도덕적 설교나 가진 자의 자선에 기대어 그런 사회를 만들 수 없고 계급 투쟁을 거쳐 노동자가 정치권력을 차지해야 한다는 결론을 내렸다. 열린 마음으로 선각자의 생각을 공부하지만 자기중심이 서면 무자비하게 단절해버리는 게 마르크스의 스타일이었다.

마르크스는 사회주의와 공산주의 문헌들을 크게 셋으로 나눈다. 반동적 사회주의, 보수적 사회주의, 유토피아 사회주의. 이름 붙인 것만 봐도 알겠지만 앞부터 마르크스가 반대한 정도가 세다고 할 수 있다. 유토피아 사회주의는 가장 긍정적으로 평가한다. 반동적 사회주의를 가장 문제로 본 배경에는, 반동적 사회주의의 한 조류인 '진정한 사회주의'가 공산주의자 동맹의, 곧 마르크스와 엥겔스의 정치적 라이벌이었다는 점을 고려해야 한다. 진정한 사회주의를 대표한 칼 그륀, 모제스 헤스 등이 스스로 진정한 사회주의 그룹이라고 부른 게 아니라 남들이 붙인 이름이다. 진정한 사회주의는 독일인 망명 노동자들과 독일 내부에 꽤 큰 영향을 미쳤고, 의인 동맹 안에도 상당한 세력을 갖고 있었다. 마르크스와 지지자들은 의인 동맹을 공산주의자 동맹으로 개조하는 과정에서 칼 그륀 일파에 명확히 선을 그을 필요가 있었다.

봉건적 사회주의로 돌아가자. 봉건적 사회주의는 자본주의의 변화 속에 몰락하는 귀족, 지주, 성직자들이 떠오르는 세력인 부르주아지(가증스

중세 시대 신분제를 풍자한 그림. 성직자와 귀족이 3신분의 등 위에 타고 있다.

런 벼락 출세자)를 견제하려고 내세우는 견해였다. 《허생전》에 보면 남산
골 샌님 허생이 "그대는 나를 장사치로 보는가!" 하며 변 부자를 꾸짖는
장면이 나온다. 봉건 지배 계급들도 부르주아 계급을 이렇게 돈만 밝히는
자들, 전통적 가치와 미덕을 무시하는 족속들로 비난했다. 그러면서 구세
력들은 슬쩍 자기들이 농민과 노동자의 대변자인 양 행세했다.

마르크스는 전통적 지배 계급을 매섭게 비판한다. 먼저 이 계급들은
역사의 흐름을 거스른다. 봉건제에서 자본주의로 나아가는 이행은 경제
적 관계가 변화하면서 나타나는 피할 수 없는 흐름이다. 더욱이 전통적 지
배 계급이 마치 미덕이 넘치던 것처럼 찬양하는 그 봉건 사회에서 농민들
은 토지 귀족과 성직자들에게 가혹하게 착취당했다. 농민들은 거주 이전
의 자유나 직업의 자유도 없는 '농노'였다. 마르크스는 이 사회주의자들을

향해 당신네는 "지금 보면 낡아 빠진 상황과 조건 아래" 민중을 착취한 사실을 잊었냐고 조롱한다.

봉건 계급의 후손들은 역사의 무대에서 사라지지 않고 끈질기게 버텼다. 특히 '융커Junker'라고 불린 독일의 토지 귀족은 부르주아지가 이끄는 자유주의 개혁 운동에 아주 적대적이어서 군대를 끌어들여 탄압했다. 마르크스가 지적한 대로 대토지를 이용해 영리적 농업과 양조 사업 등에 열을 올렸고, 황금 사과(이윤)를 따야 하면 얼마든지 전통 가치들을 팔아먹었다. 독일의 융커는 19세기 말 독일 제국 건설에 앞장서고 '하향식 공업화'를 이끌었다. 프랑스를 상대로 전쟁까지 일으키면서 1871년에 독일 통일을 완성한 프로이센의 '철혈鐵血 재상' 비스마르크도 융커 출신이었다. 융커 세력은 2차 대전 때 독일을 점령한 소련군에게 비로소 몰락됐다.

## 2) 소부르주아 사회주의

봉건 귀족 계급만 부르주아지에 밀려 몰락하는 것은 아니며, 현대 부르주아 사회의 분위기 속에서 생존 조건이 쪼그라들어 사라져버린 유일한 계급이 아니다. 중세의 시민과 소농은 현대 부르주아지의 선구자였다. 공업이나 상업이 덜 발전한 나라에서는 이 두 계급이 신흥 부르주아지 옆에서 여전히 무기력하게 살아가고 있다.

현대 문명이 완전히 발전한 나라에서 새로이 형성된 소부르주아지라는 계급은, 프롤레타리아트와 부르주아지 사이에서 동요하며 부르주아 사회를 보완하는 부분으로 늘 새롭게 만들어진다. 그렇지만 이 계급의 개별 구성원들은 경쟁이 작동하면서 끊임없이 프롤레타리아트로 내쫓기고 있으며, 또한 현대 공업이 발전할수록 자기들은 현대 사회를 구성하는 독립된 한 축으로 자기들이 완벽히 사라지는 때, 제조업과 농업과 상업에서 자기들이 차지하던 자리가 공장 감독관과 토지 관리인과 점원으로 대체되는 때가 다가오는 순간을 눈앞에서 보게 된다.

절반이 훨씬 넘는 인구가 농민인 프랑스 같은 나라에서는 부르주아지에 맞서 프롤레타리아트를 편드는 작가들이 농민과 소부르주아의 기준을 가져와 부르주아 정권을 비판하고, 나아가 이런 중간 계급의 관점에 서서 노동 계급을 강력히 변호하는 게 당연했다. 그 결과 소부르주아 사회주의가 탄생했다. 시스몽디[1]는 프랑스뿐 아니라 영국에서도 이런 흐름의 우두머리였다.

이 사회주의는 현대의 생산 관계들에 들어 있는 모순들을 아주 날카롭게 해부했다. 경제학자들의 위선적인 변명을 폭로했다. 기계와 분업이 가져오는 비참한 결과, 자본과 토지가 소수의 손안에 집중되는 현상, 과잉 생산과 공황을 논쟁의 여지 없이 증명했으며, 소부르주아와 소농민의 필연적 몰락, 프롤레타리아트의 가난, 생산의 무정부성, 너무나 불균등한 부의 분배, 국가들끼리 벌이는 섬멸적인 산업 전쟁, 낡은 도덕의 속박과 낡은 가족 관계와 낡은 국적의 해소를 지적했다.

그렇지만 스스로 내건 긍정적인 목적을 보면 이 사회주의는 낡은 생산 수단과 낡은 교환 수단을 복구해 낡은 소유 관계와 낡은 사회를 복구하거나, 아니면 현대의 생산 수단과 교류 수단 탓에 계속 파괴돼왔고 앞으로도 반드시 파괴돼야 하는 낡은 소유 관계의 틀 안에 바로 그 현대의 생산 수단과 교환 수단을 가둬두려 한다. 어떤 경우든 소부르주아 사회주의는 반동적이면서 유토피아적이다.

제조업의 춘프트와 농업의 가부장적 관계가 이 사회주의가 남긴 임종의 말이다.

결국 탄탄한 역사적 사실이 자기기만의 중독 효과를 모두 없애버리자 소부르주아 사회주의는 비참한 유물 신세가 되고 말았다.

—

1  시스몽디(Jean Charles Léonard Simonde de Sismondi, 1773~1842)는 스위스의 경제학자이자 역사학자다. 애덤 스미스를 추종했지만 나중에는 자유방임주의를 비판하는 《정치경제학의 새로운 원리들》을 썼다. 이 책에서 생산과 소비의 불균형과 과잉 생산이 공황의 원인이라고 지적하는 시스몽디는 정부가 생산에 개입해야 하며 평등한 분배가 필요하다고 강조했다.

## 현실을 봤지만 과거로 가버린 운동

봉건적 사회주의나 소부르주아 사회주의나, 자본주의 생산 관계에 밀려 사라질 운명의 계급들이 자기를 보호하려고 만들어낸 주장이나 이론이다. 그런데 봉건적 사회주의는 그 위선적 면모 때문에 망해도 싸지만, 소부르주아 사회주의는 애처롭게 보이고 고민거리를 던진다.

소부르주아를 딱 뭐라고 규정하기는 어렵다. 흔히 "나 같은 소시민이 별 수 있어?" 할 때 '소시민'을 옮기면 소부르주아다. 그렇지만 마르크스의 개념으로 소부르주아는 부르주아지처럼 임금 노동자를 고용할 능력이 있는 자본가도 아니고 프롤레타리아트처럼 무산자도 아닌, 조그만 토지나 영세한 상점이나 작업장 등 소규모 생산 수단을 소유한 계급이다.

이 소부르주아 중간 계급은 근대 이전에 소농, 소상인, 수공업자 등으로 존재하다가 자본주의 근대화 과정에서 둘로 나뉜다. 그중 극소수는 자본가, 지주, 전문 지식인 등이 되고(그래서 소부르주아가 부르주아들의 선조인 셈이다), 대부분은 프롤레타리아트나 빈농으로 찢겨졌다. 삶의 조건이 해체되고 몰락하는 상황에서 소부르주아들은 자기들의 지위를 지키려고 싸웠다. 착취 계급은 아니었고, 자기 잘못 때문에 몰락하는 것도 아니었다.

소부르주아층의 저항은 프롤레타리아트 운동이 본격적으로 등장하기 전에 거세게 터져 나왔다. 중세 수공업자들의 조합인 춘프트는 제한된 시장에서 생산자들끼리 '바닥을 향한 경주'를 하지 않게 막고 일정한 권익을 보장해주는 측면이 있었다. 춘프트의 직인은 언젠가는 장인이 돼 독립할 수 있었고, 나이 들어 현역에서 물러나면 조합에서 연금을 조금 받아 살아갈 수 있었다. 대공업이 도입되면서 이런 조직적 보호막이 망가지자 수공업자들은 폭력으로 저항하고 기계 파괴 운동을 벌였다. 또 러시아에는 평화라는 뜻을 지닌 농촌 공동체 미르$^{mir}$가 있었다. 미르는 농민들끼리 토지를 분배하고 재분배하며 어려운 처지에 놓인 구성원은 돕는 상호 부조의 자치 조직이었다. 공동체는 매우 가부장적이고 종교적이었지만, 때때로 지배 계급에 맞서 거칠세 싸웠다. 1861년 차르가 선포한 농노 해방령으로 자기 땅을 갖게 된다며 기뻐하던 농민들은 그 땅을 지주들에게 비싼 돈을 주고 사야 한다는 사실을 알고 봉기를 일으켰다. 개혁 지식인들은 러시아가 자본주의의 길고 고통스러운 터널을 지나지 않고도 농촌 공동체를 바탕으로 사회주의로 갈 수 있지 않을까 기대하기도 했다.

마르크스에 앞선 지식인들은 아직 프롤레타리아트의 성장을 보지 못했거나 프롤레타리아트의 곤궁하고 비참하며 타락한 처지만을 봤다. 이런 프롤레타리아트를 지식인들은 반인간적 자본주의의 대안으로 생각할 수 없었고, 적당한 사유 재산에 더불어 협동과 결사의 경험이 있는 소부르주아 중간 계급에 기대를 걸었다. 소부르주아 사회주의가 등장한 배경이다. 그렇지만 마르크스가 보기에는 이 계층도 자본주의 생산 관계의 성장으로 몰락할 수밖에 없으며, 따라서 소부르주아 사회주의는 퇴행적인 운동이므로 청산돼야 했다. 마르크스는 《선언》을 쓰기 몇 년 전 처음으로 전신이 개통된 소식을 듣고 아마 흥분했을 것이다. 수십 킬로미터 떨어진 곳에 있는 사람하고 실시간으로 의사소통할 수 있는 시대에 낡은 춘프트 같은 제도에 집착하는 운동은 반동적으로 보였다. 마르크스는 《선언》 1장에 나오듯 이 계층은 자기 미래가 프롤레타리아트라는 사실을 깨닫는 한에서만 혁명적이 된다고 생각했다.

그러나 마르크스는 19세기 후반에 성장한 노동운동이 소부르주아 계급, 특히 농민층을 반동으로 비난하고 연대를 거부하는 모습을 보이자 거세게 비판했다. 19세기 말에서 20세기 초, 산업 노동자의 지지를 받아 세력이 커진 독일 사회민주당은 마르크스주의를 교조적으로 받아들인 나머지 농민과 중간 계급을 끌어안지 못했다. 그 틈에 이 계급을 지지 기반으로 삼아버린 세력이 아돌프 히틀러가 이끈 나치였다. 독일 사민당하고 다르게 농민과 농촌에 기반을 두고 세력을 키워 도시를 포위하는 전략을 택한 마오쩌둥의 중국공산당은 혁명에 성공해 중국 대륙을 거머쥐었다.

자영업자들이 늘고 있는 한국의 현실은 부르주아지와 프롤레타리아트로 계급이 양극화된다는 마르크스의 예언을 반박하는 것처럼 보인다. 그렇지만 현실의 뒷면을 보면 전혀 그렇지 않다. 직장에서 명예퇴직을 당한 50~60대가 퇴직금을 털어 작은 치킨 가게를 차려 1년도 채 못 버티고 망하는 경우나, 택배 기사나 학습지 교사 등 정규직 일자리를 개인 사업자 형태로 바꿔버린 '특수 고용 노동자'들처럼 자본이 '강요된 창업'이 점점 늘어난다. 프랜차이즈 가맹점주 중에는 왜곡된 '갑을 관계' 아래 비정규직 노동자 정도의 소득도 얻지 못하는 '속 빈 사장님'이 수두룩하다. 먹고살려고 새벽부터 밤까지 일하는 이 영세 자영업자들은 넓게 보면 노동 계급에 들어갈 수 있다. 형태만 보고 쉽게 자본가나 소부르주아라고 할 수는 없다.

## 3) 독일 사회주의 또는 '진정한' 사회주의

권력을 쥔 부르주아의 억압 아래에서 나타나 권력에 맞선 투쟁을 표현한 프랑스의 사회주의 문헌과 공산주의 문헌은 독일 부르주아지가 봉건 절대주의에 맞선 투쟁을 막 시작할 때 독일에 흘러들어왔다.

독일의 철학자들과 얼치기 철학자들과 저술가들은 탐욕스럽게 이런 문헌에 달려들었지만, 이 저작들이 프랑스에서 건너올 때 프랑스의 사회적 조건도 함께 건너오지 않은 사실은 잊어버렸다. 이 프랑스 문헌들은 독일의 사회 조건을 만난 뒤 직접적인 실천적 의미를 모두 잃어버리고 순수하게 문헌적 외관만 띠게 됐다. 인간 본질의 실현에 관한 한가한 사변으로 읽힐 수밖에 없었다. 따라서 18세기의 독일 철학자들에게 1차 프랑스 혁명이 내건 요구들은 그저 '실천 이성' 일반의 요구에 지나지 않았으며, 혁명적인 프랑스 부르주아지들이 공표한 의지는 독일 철학자들의 눈에 순수 의지, 곧 마땅히 그러해야 할 모습을 지닌 의지, 진정한 인간 의지의 일반의 법칙을 의미했다.

독일 문필가들은 그저 프랑스의 새로운 이념들을 자기들의 낡은 철학적 양심하고 조화하게 하거나, 아니면 차라리 자기들의 철학적 관점을 버리지 않고서 프랑스의 이념들을 추가하는 일을 할 뿐이었다. 이런 추가는 말하자면 사람들이 일반적으로 외국어를 번역해 쓰는 그런 방식으로 진행됐다.

수도자들이 고대 이교도 시대에 쓴 고전의 필사본 위에 가톨릭 성인들의 어리석은 삶을 기록한 사실은 잘 알려져 있다. 독일의 문필가들은 세속적인 프랑스 문헌들을 반대로 다뤘다. 프랑스 원전의 아래에 자기들의 철학적 헛소리들을 써 넣었다. 이를테면 화폐의 경제적 기능에 관한 프랑스인의 비판 아래에 '인간 본질의 외화'라고 썼고, 부르주아 국가에 관한 프랑스의 비판 아래에 '추상적 일반자의 지배의 지양'이라고 써 넣었다.

프랑스인이 해놓은 역사적 비판의 뒤에 이런 철학적 경구들을 끌어들이는 일에는 '행동의 철학'이니 '진정한 사회주의'니 '독일식 사회주의의 과학'이니 '사회주의의 철학적 정초' 따위의 별호를 붙였다.

프랑스의 사회주의 문헌과 공산주의 문헌은 이렇게 해서 완전히 껍데기만 남았다. 그리고 이 문헌들이 독일인의 손안에서는 다른 계급에 맞서는 한 계급의 투쟁을 더는 표현하지 않게 된 탓에, 독일인은 자기들이 '프랑스식 일면성'을 극복했으며,

또한 진정한 요구가 아니라 진리의 요구를, 프롤레타리아의 이익이 아니라 인간 본성의 이익을, 곧 아무 계급에도 속하지 않고 실체가 없으며 오직 철학적 환상이라는 안개 긴 왕국에만 존재하는 인간 일반의 이익을 대변한다고 생각했다.

독일 사회주의는 학교에서 내준 숙제를 지나치게 진지하고 엄숙하게 받아들이더니, 돌팔이 약장수가 짝퉁 약 팔듯 불품없는 재고품을 격찬하면서 떠들어댔고, 그러는 사이 처음에 지니고 있던 현학적인 순수성을 점점 잃어버렸다.

봉건파와 절대 왕정에 맞선 독일인의 투쟁, 특히 프로이센 부르주아지의 투쟁, 곧 자유주의 운동은 점점 더 신중한 고려 대상이 됐다.

## 진정한 사회주의는 뭐가 진정한가

길을 막고 '삥 뜯는' 불량배가 있다고 하자. 이 길을 지나다니다 만날 돈을 빼앗기는 아이들은 멀리 돌아가기도 하고 어른들에게 호소도 해보지만 별 소용이 없다. 더는 못 견디겠다고 생각한 아이들은 여럿이 힘을 합쳐 불량배에게 대들기로 마음먹는다. 돈 빼앗기고 두드려 맞느니, 맞을 때 맞더라도 같이 주먹을 휘둘러본다는 거다. 그런데 이때 점잖은 사람이 나서서 이렇게 말했다. "불량배가 주먹을 쓴다고 너희도 주먹을 쓰면 되겠니? 그럼 똑같은 사람이 되는 거란다. 차라리 너희가 돈을 아예 안 들고 다니면 어떻겠니? 그럼 뺏기지도 않을 테니까." 아이들이 돈이 없으면 학용품이나 군것질거리는 어떻게 사냐고 묻자 이 사람은 말했다. "여럿이 학용품을 나눠 쓰거나 간식을 나눠 먹으렴. 그런 너희를 보고 불량배도 감동하고 반성할 거야. 그러면 모두 다시 이웃사촌이 되겠지!"

진정한 사회주의자들은 정치적이고 경제적인 불평등이 심각하다는 현실을 날카롭게 인식했지만, 이런 현실을 깨뜨리려고 계급 투쟁을 벌인다는 생각에는 반대했다. 계급 투쟁은 낡은 지배자를 새로운 지배자로 바꿔 놓을 뿐이라고 여겼고, 폭력의 사용은 전체를 야만 상태로 끌어내린다고 믿었다. 또한 인간 이성에 호소하면 불평등과 소외를 이겨내고 '인류는 한 형제'라는 목표로 나갈 수 있다고 생각했다. 어떤 유혈도 지배도 없는 진정한pure 사회주의인 셈이다.

마르크스가 보기에 이런 소리는 계급 대립이 도대체 왜 생기는지 모르는 몽상가들의 넋두리였다. 마르크스는 《자본》에서 "자본가란 단지 자본의 인격화"라고 말했는데, 경제적 관계에서 개인의 정체성은 그 관계에 따라 만들어질 따름이다. 자본가가 특별히 사악해서 노동자를 착취하는 게 아니라, 노동자를 착취하지 않으면 자본가가 될 수 없기 때문에 착취하는 것이다. 양심에 호소하면 지배자가 지배 권력을 내놓을 것이라고, 자기 이해관계를 포기할 것이라고 기대하는 일만큼 어리석은 짓은 없다. 또한 정치 투쟁과 사회운동을 나누는 진정한 사회주의는 개개인이 물질주의를 멀리하고 자조와 협동의 공동체를 추구하는 것은 좋지만 이해관계 다툼일 뿐인 정치 투쟁은 필요 없다고 여겼다. 마르크스처럼 경제와 정치가 뗄 수 없는 사이라고 보는 사람에게 그런 구분은 불가능할뿐더러 적 앞에서 꼬리를 감추는 비겁한 행동이었다. 마르크스는 '보편적 사랑'을 주장하는 진정한 사회주의자들을 향해 "인류 중에는 도저히 형제로 지낼 수 없는 사람이 있다"고 맞받아쳤다. 착취자와 피착취자, 노동자와 자본가, 식민지와 제국주의 국가가 어떻게 형제처럼 지낼 수 있느냐는 얘기다.

《선언》은 독일 철학자들이 진정한 사회주의를 내세우게 된 이유를 보여준다. 독일 철학자들도 프로이센 전제정에 반대하면서 프랑스의 사회주의 문헌에 관심을 가졌다. 그러나 마르크스가 "이 저작들이 프랑스에서 건너올 때 프랑스의 사회적 조건도 함께 건너오지 않은 사실을 잊어버렸다"고 조롱하듯, 프랑스 사회주의를 그 이론이 나오게 된 물질적인 조건이나 역사적 형성 과정에 관련지어 이해하지는 못했다. 독일 철학자들은 사회주의를 받아들였지만, 프랑스에서 사회주의가 등장한 배경인 산업 부르주아지와 노동-자본의 본격적인 갈등과 자본주의 경제가 독일에는 아직 나타나지 않았다. 독일 철학자들은 자본주의 사회의 확립이라는 역사 단계를 생략한 채 바로 사회주의라는 이상으로 나아갈 수 있다고 착각했다. 그래서 구체적인 모순을 현실 운동으로 지양하는 게 아니라, 어렴풋한 모순을 순전히 철학적으로 지양하려 했다. 프랑스처럼 노동자들의 격렬한 임금 투쟁이나 파업이 없는 독일에서 사회주의란 고작해야 "인간 본질의 실현에 관한 한가한 사변"에 관련됐다. 프랑스 사회주의를 그저 칸트(실천 이성), 피히테(순수 의지), 헤겔 같은 고전 철학자들의 철학 개념으로 이해하려 들었다.

"말하자면 사람들이 외국어를 번역해 쓰는 것과 같은 방식"이라는, 조금은 아리송한 마르크스의 표현이 이런 뜻이다. 번역이란 모국어와 외국어의 동등성을 전제로 한다. 어떤 단어를 모국어로 쓰고 외국어로 번역해서 쓰기도 하는 것은 아무 문제가 없다. 그렇지만 이념에 관해서라면, 어떤 이념이 옳아서 그 이념을 받아들이려면 자기의 낡은 이념은 버려야 한다. 서로 모순되는 이념을 둘 다 받아들일 수는 없다. 이를테면 '신분 사상'을 버려야 '평등'을 받아들일 수 있다. 그런데 독일 철학자들은 프랑스의 유물론적 사회주의 이념을 받아들이며 자기네 관념론적 철학도 고집한다. 이념의 수용을 외국어 번역처럼 여기냐는 마르크스의 말은 이런 모순된 태도에 보내는 조롱이다.

진정한 사회주의자들은 노동자와 자본가라는 두 계급 대신 추상적인 '인류'만 봤다. 현실 국가에 관해서, 마르크스가 국가를 '부르주아 계급의 공동 위원회'라고 했다면 진정한 사회주의자들은 '추상적 일반자'로 이해한다. 추상적 일반자는 헤겔의 개념인데, 밤나무, 사과나무, 배나무 등을 '나무'로 일반화하듯 국가는 가족이나 시민사회 등의 관계들을 일반화한 상위 존재라는 말이다. 진정한 사회주의자들은 국가를 어느 계급의 이해 관계에도 기울지 않는 공평한 존재로 봤다. 다만 인류라는 좀더 큰 일반자(상위 존재)로 나아가려고 지양돼야 할 뿐이다. 진정한 사회주의자들은 국가를 '이성적으로' 지양할 수 있다고 본 탓에 국가를 상대로 한 정치 투쟁이나 혁명을 바라지 않았다. 앞에서 살펴본 대로 의인 동맹 안에서 바이틀링에 반대하는 세력들이 진정한 사회주의에 기대려 했는데, 소수 정예의 폭동으로 뭔가를 해보자는 무모한 노선보다야 세계를 일목요연하게 설명하는 헤겔적인 진정한 사회주의가 매력 있었을 것이다. 마르크스와 엥겔스는 역사 유물론을 들고 이 노선을 가차 없이 깨뜨렸다.

진정한 사회주의를 주창한 이들의 면면이 다 책상에만 앉아 있는 허약한 공상가는 아니었다. 칼 그륀이나 모제스 헤스는 정력적인 지식인이자 활동가였다. 특히 헤스는 젊은 마르크스가 편집장으로 참여한 《라인 신문》의 창간을 이끈 인물이며, 마르크스를 아주 높이 평가해 "현존하는 철학자 중 가장 위대하다"라고 치켜세우기도 했다. 칼 그륀도 1840년대 파리에 망명 중인 독일 노동자들에게 헤겔 철학을 쉽게 풀어 설명해 이름을 알렸고, 독일 철학과 프랑스 사회주의를 접목하는 과제를 해결하려고 열심히 노력했다. 그륀이 프랑스의 유명한 사회주의자 프루동의 책을 독일에 번역해 알린 것도 그런 노력의 하나였다.

게오르크 빌헬름 프리드리히 헤겔.

System
der
Wissenschaft
von
Ge. Wilh. Fr. Hegel
D. u. Professor der Philosophie zu Jena,
der Herzogl. Mineralog Societät daselbst Assessor
und andrer gelehrten Gesellschaften Mitglied.

Erster Theil,
die
Phänomenologie des Geistes.

Bamberg und Würzburg,
bey Joseph Anton Goebhardt,
1807.

《정신현상학》 1807년판 속표지.

 

진정한 사회주의자들이 자기네 철학적 세계관을 실현하려고 정직하게 노력했다지만, 역사적으로 그런 노력은 사회 진보에 이바지하기보다는 해를 더 많이 끼쳤다. 결코 양보할 생각이 없는 지배층과 권력자를 향해서는 무력한 설교만 늘어놓으면서 투쟁하려는 대중의 발목은 잡았기 때문이다. 오늘날에도 자본주의의 문제를 의식 개혁과 국민 계몽으로 해결하려는 세력들이 있는데, 의도가 선하다 하더라도 마르크스가 보기에는 결국 지배층하고 한통속이다. 지배층이 건넨 한 뼘의 양보도 노동자와 민중의 피투성이 저항 없이 얻어낸 적은 없었다.

이렇게 해서 '진정한' 사회주의는 그토록 바라던 기회를, 곧 정치 운동에 사회주의자의 요구를 대립시킬 기회를, 자유주의, 대의제 정부, 부르주아식 경쟁, 부르주아식 언론 자유, 부르주아식 법률, 부르주아식 자유와 평등에 전통적인 파문장을 집어던질 기회, 이런 부르주아 운동에서는 아무것도 못 얻고 모든 것을 잃어버릴 뿐이라며 대중에게 설교할 기회를 얻었다. 자기들이 어리석은 방식으로 모방한 프랑스식 비판이 현대 부르주아 사회와 거기에 대응하는 경제적 존재 조건이나 알맞은 정치 조직을 전제한다는 사실, 곧 자기 나라에서 이제야 쟁취할 대상이 된 그 요소들을 전제한다는 사실을 독일 사회주의는 때마침 망각했다.

성직자, 교수, 농촌 지주, 관료 같은 추종자를 거느린 절대주의 정부들에 독일 사회주의는 위협적인 세력으로 떠오르는 부르주아지에 맞서 싸우는 고마운 허수아비 구실을 했다.

이 나라의 절대주의 정부들이 채찍과 총알이라는 쓴 약으로 독일 노동 계급의 봉기를 진압한 뒤 건네는 달콤한 마무리가 독일 사회주의였다.

이런 '진정한' 사회주의는 이렇게 독일 부르주아지에 맞서 싸우는 무기로 여러 정부에 봉사하는 동시에 반동의 이익, 곧 독일 속물들의 이해관계를 직접 대변했다. 독일에서 소부르주아지는 16세기의 유물이며, 그때부터 이런저런 형태로 끊임없이 나타난 소부르주아지는 현재 상태를 떠받치는 실질적인 사회적 토대다.

이 계급을 보존한다는 말은 독일의 현재 상태를 보존한다는 말이다. 부르주아지가 산업과 정치를 지배하는 탓에 소부르주아지는 파멸의 위협에 시달린다. 한편으로는 자본의 집중이, 다른 한편으로는 혁명적 프롤레타리아트의 등장이 이런 파멸을 예고한다. '진정한' 사회주의는 소부르주아지가 보기에 일석이조였다. '진정한' 사회주의는 전염병처럼 퍼졌다.

사변의 거미줄로 짜고, 미사여구의 꽃으로 수를 놓아, 구역질 나는 감상의 이슬에 젖은 예복, 독일 사회주의자들이 자기들의 빈약한 '영원한 진리', 피골이 상접한 육신을 감싼 이 초월적인 옷은 대중 사이에서 독일 사회주의자들이 파는 상품의 매상을 크게 올리는 데 이바지했다.

그리고 독일 사회주의는 이 소부르주아 속물들의 허풍선이 대표자라는 자기 소명을 점점 더 잘 깨닫게 됐다.

독일 사회주의는 독일 국민을 모범 국민으로 선포했고, 독일의 하찮은 속물을 표준형 인간으로 선포했다. 독일 사회주의는 이 모범 인간이 저지르는 비열하고 천박한 모든 행위에 실제 성격에 정반대되는 은밀하고 고상한 사회주의적 해석을 안겨줬다. 독일 사회주의는 공산주의의 '야만스레 파괴적인' 경향을 노골적으로 반대하는가 하면 모든 계급 투쟁을 궁극적이고 공평하게 경멸한다고 선언하기까지 했다. 독일에서 지금(1847년) 판매되는 이른바 사회주의 간행물과 공산주의 간행물은 아주 적은 사례를 빼면 모두 이 불결하고 무기력한 문헌의 영역에 들어간다.[1]

1 1890년 독일어판에서 엥겔스는 이렇게 설명했다. "1848년 혁명의 폭풍은 이 낡은 유파를 모조리 쓸어갔고, 그 주체들은 더는 사회주의로 뭔가를 해보려는 의욕을 잃었다. 이 유파의 주요하고 전형적인 대표자는 칼 그륀이다."

## 중력의 환상에 맞서 싸운 진정한 사회주의

《선언》이 나온 때 독일은 분열 상태인데다 봉건 귀족에 눌려 영국과 프랑스에 견줘서는 산업화도 부르주아지의 세력화도 늦었다. 그러나 1834년에 프로이센이 이끈 관세 동맹이 결성된 뒤에는 시장이 커지면서 자본주의 생산 체계도 속도를 내 도입되는 중이었다. 부르주아지는 힘을 조금씩 모아두면서 독일 통일, 헌법, 대의 민주주의, 검열 폐지, 언론 자유 같은 깃발에 내걸고 전독일에 걸친 운동을 일으키려 했다. 프로이센 군주 빌헬름 4세는 아주 보수적인데다 토지 귀족의 편이었지만, 국가 재정을 충당하려면 떠오르는 부르주아지의 요구를 무시할 수 없었다.

한편 독일 노동자 계급의 숫자가 늘고 의식이 성장하면서 계급 투쟁도 점점 거세졌다. 1844년 아마와 목면 산업이 발달한 슐레지엔 지역(지금은 폴란드 영토다)에서 3000명이 넘는 직조공이 봉기했다. 악덕 기업주들은 툭하면 임금을 깎고 노동자들에게 벌금을 매기는 식으로 횡포를 부렸다. 항의하러 간 직조공들을 기업주의 요청을 받은 군대가 총과 대포로 진압해, 그 자리에서 직조공 11명이 숨지고 여러 명이 크게 다쳤다. 이 일이 도화선이 돼 직조공들이 기계를 파괴하고 기업주의 저택에 불을 지르는 등 큰 폭동이 벌어졌다. 군주정과 부르주아지와 노동자들까지, 봉건제와 자본주의의 주역들이 뒤엉켜 싸우며 사회 전체가 혁명 전야로 치닫고 있었다.

그러나 진정한 사회주의자들은 이런 운동들에 반대했다. 사회주의자로서 독일 부르주아지의 자유주의 운동에 반대한 진정한 사회주의자들은 독일이 사랑과 이성의 힘을 통해 통일할 수 있으므로 정치 혁명은 필요 없다고 생각했다. 자기들이 수입한 사회주의 자체가 "현대 부르주아 사회와 거기에 대응하는 경제적 존재 조건이나 알맞은 정치 조직"의 산물인데도 이제야 독일에서 그런 조건과 구조를 만들려고 일어나는 운동에 반대한다는 것은 말이 안 됐다. 이런 태도는 자유주의 운동을 억누르려는 독일의 군주, 융커, 보수파들의 입맛에 잘 맞았고, 진정한 사회주의는 봉건적 지배층이 부르주아지를 향해 휘두를 수 있는 효과적인 무기로 이용됐다. 독일 정부는 또한 노동자들의 저항을 무자비하게 진압하면서 노동자들의 처지를 악화시킨 부르주아지에게 책임을 떠넘길 때 진정한 사회주의를 동원했다.

칼 그륀은 독일 국민을 '표준 국민'으로 선언하기에 이르렀다. 표준 국민이란 노동자나 자본가 같은 계급으로 나뉘지 않는 '무계급 국민'이다. 현실에서 이런 국민이 있을 수 있을까? 표준 국민은 독일에서 아직 해체되지 않은 소농과 소상공인 등 중간 계급에 철학적인 사변을 입힌 개념에 지나지 않았다. 마르크스는 《독일 이데올로기》에서 재미있는 비유를 든다.

옛날에 어떤 사람이 생각했다. 사람들이 물에 빠지는 것은 중력이라는 관념에 사로잡혀 있기 때문이라고. 그 관념이 미신이라는 것을 폭로할 수만 있다면 더 이상 물에 빠져죽을 위험은 없을 거라고. 그는 중력이라는 환상에 맞서 평생을 싸웠다. …… 이 사람이 바로 오늘날 독일의 혁명적 철학자들의 원형이다.●

이 어떤 사람은 진정한 사회주의를 풍자한 말이다. 중력이 다른 모든 관념처럼 우리 머릿속의 관념이라는 것은 사실이지만, 그러나 그 관념은 현실을 반영한 관념이다. 중력이 관념이라는 사실을 깨달았다고 해서, 그래서 중력이라는 관념을 버리고 다른 관념으로 대체한다고 해서 중력이 우리에게 미치는 힘이 새털만큼도 약해질 리 없다.

중력을 이기려면 구명조끼를 입든지 아니면 로켓 엔진을 달든지, 중력을 거스르는 물리적인 힘이 필요하다. 진정한 사회주의자들은 자본주의 사회가 사람들의 머릿속에 배금주의나 자유 경쟁 같은 관념을 불어넣었다고 생각했고(그건 옳다!), 그래서 그 관념들이 허위의식이라는 사실을 깨닫기만 하면 사람들과 사회 전체가 인간성을 되찾을 수 있다고 생각했다. 자본주의 체제 자체를 전복하려는 투쟁이 벌어지지 않는 한 자본주의의 허위의식은 사라질 수 없다는 점은 몰랐다.

---

● 이사야 벌린 지음, 안규남 옮김, 《칼 마르크스 — 그의 생애와 시대》, 미다스북스, 2001.

## 2. 보수적 사회주의 또는 부르주아 사회주의

몇몇 부르주아지는 부르주아 사회의 존속을 보장하기 위해 사회 불만을 제거하고 싶어한다. 이런 부류에는 경제학자, 박애주의자, 인도주의자, 노동 계급의 처지를 개선하려는 자, 자선 사업가, 동물 학대 방지 협회 회원, 열성 금주 운동가, 상상할 수 있는 모든 종류의 눈에 잘 안 띄는 개혁가들이 있다. 그리고 사회주의의 이런 형태는 완전한 체계를 갖추게 됐다.

우리는 이 부르주아 사회주의의 예로 프루동의 《빈곤의 철학》을 들 수 있다.

사회주의적 부르주아지는 현대의 사회 조건들이 지닌 이점은 모두 누리고 싶어하지만, 거기에 필연적으로 뒤따르는 투쟁과 위험은 멀리하려 한다. 현재의 사회 상태, 그러나 사회에 혁명을 일으키고 해체시키는 요소들을 제거해버린 사회 상태를 원한다. 프롤레타리아트 없는 부르주아지를 바란다. 부르주아지는 자기가 지배하는 세계를 당연히 최고의 세계로 여기며, 부르주아 사회주의는 기분 좋은 생각을 다양하면서도 어느 정도 완벽한 체계로 발전시킨다. 그런 체계를 실행해서 새로운 예루살렘으로 곧장 나아가라고 프롤레타리아트에게 요구하기는 하지만, 현재 사회의 경계 안에 남아 있으면서 부르주아지에 관한 증오는 던져버려야 한다는 게 부르주아 사회주의가 실제로 하는 요구다.

이런 사회주의 중에서 덜 체계적이지만 더 실천적인 둘째 형태는 단순한 정치 개혁이 아니라 물질적 생존 조건의 변화, 곧 경제적 관계의 변화만이 노동 계급에게 이득이 될 수 있다는 점을 보여줘 노동 계급의 눈앞에서 모든 혁명 운동을 평가 절하하려 했다. 그런데 이런 형태의 사회주의는 물질적 생존 조건의 변화를 오직 혁명의 결과로 달성되는 부르주아적 생산 관계의 폐지로 이해하지 않고, 이 생산 관계의 지속적인 유지에 기초하는 행정 개혁, 곧 자본과 노동 사이의 관계에는 아무런 영향을 미치지 않은 채 기껏해야 비용을 줄이고 부르주아 정부의 행정 업무를 단순화하는 개혁으로 이해한다.

부르주아 사회주의는 순전히 연설조로 떠들 때, 그리고 오직 그럴 때만 그런대로 어울리는 말투가 된다.

자유 무역! 노동 계급의 이익을 위해. 보호 관세! 노동 계급의 이익을 위해. 감옥 개혁! 노동 계급의 이익을 위해. 이것이 부르주아 사회주의의 임종의 말이자 유일하게 진지한 의미를 담은 말이다.

> 부르주아 사회주의는 이렇게 요약된다. 부르주아지는 부르주아지다. 노동 계급의
> 이익을 위해.

## 부르주아를 위한 사회주의?

부르주아를 위한 사회주의? 마르크스는 이 세력들이 현존 부르주아 사회를 방어하려 든다고 해서 보수적 사회주의 또는 부르주아 사회주의라고 부른다. 이 세력은 시대를 아예 뒤로 돌리려는 반동적 사회주의하고는 다르다. 그렇다 해도 형용 모순이 아닌가. 자본주의를 위해 분투하는 부르주아들이 사회주의라니.

자기를 부르주아 사회주의자라고 떠들며 다닌 사람은 없는 것 같다. '부르주아 사회주의'는 자본주의 체제의 내적 모순을 드러낸 말이다. 노동과 자본의 계급 투쟁은 자본주의에서 필연인데, 이 투쟁을 내버려두면 부르주아지의 지배에 위협을 줄 테고 계속 지배하더라도 통치 비용이 늘어난다. 따라서 계급 투쟁을 누그러뜨릴 '완충재'나 '접착제'가 필요하다. 그래서 부르주아지는 노동자들에게 자본가에 맞서서 투쟁하기보다 협조해야 이익이라고 설득하는 운동이나 이론을 지원한다. 부르주아지는 노동자들이 배가 불러야 혁명에서 멀어진다는 사실을 알기 때문에 이윤을 조금 떼어 노동자들의 물질적 상태를 개선하는 데 쓴다. 임금 인상, 자선 활동, 구호 정책 등이 그런 경우인데, 현대 복지국가도 따지고 보면 노동자 혁명을 미리 막으려는 조치가 제도화된 것이다. 금주 운동이나 동물 학대 철폐 운동 등은 음주 문화나 생활 문화 같은 자기의 현재 상태를 '부끄럽게 만들어' 노동자들이 더 나은 인간상, 곧 부르주아적 인간상을 동경하게

한다. 미셸 푸코식으로 말하면 노동자를 '보이지 않는 시선'으로 길들이는 일종의 '훈육'이다. 사회주의자로 자처하지만 결과적으로 부르주아의 이익을 위해 힘쓰는 이들을 마르크스는 '부르주아 사회주의'라고 비웃는다.

"부르주아 사회주의는 순전히 연설조로 떠들 때, 그리고 오직 그럴 때만 그런대로 어울리는 말투가 된다"고 마르크스는 말한다. 부르주아 정치가들은 필요하면 과격한 사회주의자로 변신한다. 자기가 내리는 모든 조치는 '노동 계급의 이익을 위해서' 하는 거란다. 영국에서는 제조업과 자유무역을 옹호하는 자유당하고 정반대로 지주와 보호 관세를 옹호하는 보수당이 똑같이 노동 계급에게 지지를 호소했다. 마르크스는 이 정치 세력들이 노동 계급의 저항에 '감옥 개혁'을 선사한다는 점에서 똑같이 기만적이라고 풍자한다. 한국 정치인들도 선거철만 되면 '서민과 근로자'가 바라는 대로 다 해준다는 '사회주의자'들로 바뀌지만, 집권하면 언제 그랬냐는 듯 노동자들을 탄압한다.

조제프 프루동은 아나키즘 운동의 선구자다. 프루동은 정치권력으로 세상을 바꿀 수 있다고 기대하지 않았고, 경제 영역에서 '소생산자들의 협동조합'과 그 조합들의 네트워크로 노동자들의 처지를 개선할 수 있다고 생각했다. 프루동은 임금 노동자가 소생산자가 되는 게 바람직하다고 여겼고, 소생산자들을 금융으로 지원할 '인민은행'을 세우자고 주장했다. 또한 여러 폐단을 낳는 화폐 대신 각자의 노동을 증서로 만들어 그 증서로 필요한 상품을 교환하는 시스템을 구상했다.

프랑스인인 프루동은 마르크스보다 아홉 살 많다. 부르주아 출신인 마르크스하고 다르게 가난한 양조업자의 아들로 태어나 청소년 시절부터 인쇄소 직공으로 일하며 책을 읽었다. 많은 책이 쌓여 있는 인쇄소는 프루동에게 좋은 학교였다. 나중에 직접 인쇄소를 운영하기도 한 프루동은 운 좋게 장학금을 타게 돼 대학에 들어갔다. 1840년에 발표한《소유란 무엇인가》에서 "소유란 도둑질한 것이다"라는 충격적인 주장을 펼쳐 파리의 떠오르는 좌파 지식인이 됐다. 그때 마르크스는 아직 무명의 방랑객일 뿐이었는데, 프루동을 높이 평가해서 자기가 있는 '공산주의자 연락위원회'에 끌어들이고 싶어했다. 마르크스가 칼 그륀은 사이비니까 만나지 말라고 권하자 프루동은 자기 책을 번역한 그륀을 두둔한 뒤 마르크스에게는 이렇게 조언했다. "함께 선험적 교리들을 분쇄합시다. 다만 그 뒤 우리의 교리를 사람들에게 강요하지는 맙시다."

협력에 실패한 두 사람은 프루동이 1846년《빈곤의 철학》을 내놓고 마르크스가 여기에 1847년《철학의 빈곤》을 써서 응수하면서 완전히 갈라지고 말았다. 제목부터 논쟁적인데, 얼마 전까지 손잡으려던 선배하고 무자비하게 논쟁할 결심을 한 마르크스도 참 어지간하다. 그러나 마르크스는 프루동이 세상을 떠난 뒤에는 사회주의를 향한 프루동의 용기와 헌신을 칭송했다.

《빈곤의 철학》은 프루동의 경제 이론을 담았다. 여기서 사유 재산, 분업, 신용, 경쟁, 기계 등 10개의 경제 범주를 든 프루동은, 이 모든 범주에 긍정의 측면과 부정의 측면이 '이율배반'으로 존재하므로 그 모순 사이에 균형을 잡아야 한다고 주장했다. 이를테면 사유 재산은 불평등을 낳는 반면 활발한 상거래를 촉진하므로 철폐하는 대신 알맞은 선을 찾아야 한다는 얘기다.

프루동이 자본주의 체제의 긍정성과 부정성 사이에서 왔다 갔다 하는 '균형'을 불가피하게 여겼다면, 마르크스는 자본주의를 변증법적으로 '지양'해 전혀 새로운 단계로 나아갈 수 있다고 주장했다. 사유 재산을 둘러싼 계급 투쟁은 차차 노동자의 정치권력 획득으로, 사적 소유의 폐지와 생산력의 공유로 이어질 것이다. 왜 가만히 '균형'이나 잡고 있어야 한다는 말인가? 프루동은 자본주의 경제의 여러 요소들이 역사적으로 발생했고 지금 보이는 형태는 단지 한시적인 형태일 뿐이라는 점을 몰랐다. 소유니 생산이니 경쟁이니 하는 것들을 영원불변의 범주로 봤으며, 때가 되면 사라지거나 다른 모습으로 바뀌리라는 생각을 하지 못했다.

그래서 프루동은 파업에도 부정적이었다. 노동자들이 임금을 올려봤자 생필품을 놓고 경쟁만 심해지고, 그러면 물가가 오르고, 고용주는 인건비가 부담 돼 직원을 줄일 테니 말이다. 노동자들은 고용주에게 임금 인상을 요구하면 안 되고, '단결'해 경제를 교란해서도 안 된다. 현존 체제에서 노동자는 할 수 있는 일이 없으며, 프루동이 구상한 소생산자의 공동체가 대안이다. 그러나 마르크스는 《철학의 빈곤》에서 이런 주장을 반박하며 노동조합을 지지했다. 프루동이 말리거나 말거나 노동자들은 단결하고 있으며, 임금을 희생하는 한이 있어도 단결을 포기하지 않는다. 산업이 가장 발달하고 자본주의가 가장 빨리 성장하는 영국에서 노동자들은 가장 강하고 폭넓게 단결하고 있는데, 이 사실만 봐도 프루동의 걱정은 기우일 뿐이다. 노동자의 권익은 정치 투쟁을 버리고 어느 곳에 이상적 경제 공동체를 만들어 얻을 수 있는 게 아니라, 단결해서 계급 투쟁과 정치 투쟁에 나설 때 지켜낼 수 있다. 마르크스는 "사회적 운동이 정치적 운동을 배제한다고 말하지 말라. 사회적 운동이 아닌 정치적 운동은 결코 존재한 적 없다"면서, 여류 소설가 조르주 상드의 말을 인용했다. "전투냐 죽음이냐. 피에 얼룩진 투쟁이냐 멸망이냐. 문제는 그렇게 엄정하게 제기된다."

1862년 무렵의 프루동.

　프루동은 마르크스보다 대중의 지지를 더 받았다. 1848년 혁명 뒤에는 의원이 돼 자기 구상을 실행해보려 했지만 부르주아의 협력을 얻는 데 실패했다. 나폴레옹의 조카인 루이 나폴레옹이 권좌에 오르자 프루동은 정부를 비판하다 감옥에 갇히는 등 혁명가다운 태도를 보였다. 프루동은 노동자들의 자립적인 태도와 윤리적인 각성을 늘 강조했는데, 한때 인쇄소 사장으로 노동자를 고용해 옆에서 지켜본 경험이 반영된 태도였다.

　프루동이 세상을 떠난 뒤 그 사상을 따르는 프루동주의자들은 인터내셔널 안에서 꽤 큰 영향력을 미쳤으며, 1871년 파리 코뮌을 지켜낼 때도 굽힘 없는 용기를 보여줬다. 프루동의 구상은 그 시대 자본주의가 지나치게 거세게 확장되는 바람에 실행되기 어려웠지만, 아예 아무 의미가 없다고 할 수는 없다. 프루동의 협동조합 구상은 시장 경제 내부에서 가능한 하나의 대안으로, 그 뒤에도 꾸준히 연구되고 또 실험됐다.

## 3. 비판적–유토피아적 사회주의와 공산주의

여기에서 우리가 말하려는 것은 바뵈프[1] 같은 사례처럼 현대의 모든 대혁명 속에서 언제나 프롤레타리아트의 요구를 표명한 문헌들이 아니다.

봉건 사회가 전복되는 전반적인 격동의 시대에 자기 목적을 달성하려고 프롤레타리아트가 처음 직접 감행한 시도는 프롤레타리아트가 미처 발전하지 못한 탓에, 그리고 프롤레타리아트 해방의 경제적 조건, 곧 아직 만들어지지 않았고 오직 임박한 부르주아 시대의 결과로 만들어질 수밖에 없는 조건이 부재한 탓에 필연적으로 실패했다. 프롤레타리아트의 이 첫째 운동에 함께한 혁명적 문헌은 반동적인 성격을 띨 수밖에 없었다. 보편적 금욕주의와 조잡한 형태의 사회적 평준화를 설교했다.

엄밀히 말해 생시몽, 푸리에, 오언 등의 이른바 사회주의와 공산주의 체계들은 앞에서 살펴본 시기, 곧 프롤레타리아트와 부르주아지 사이의 투쟁이 덜 발전된 초기에 존재를 드러냈다(1장 〈부르주아와 프롤레타리아〉를 보라).

이 체계의 창안자들은 계급 대립뿐 아니라 지배적인 사회 형태의 내부에서 그 사회를 분해하는 요소들이 활동하는 모습까지 지켜봤다. 그렇지만 아직 젖먹이에 머물러 있던 프롤레타리아트는 아무런 역사적 주도권이나 독자적인 정치 운동을 갖지 못한 계급이라는 선입관에 사로잡히게 됐다.

계급 대립의 발전은 공업의 발전에 발맞추기 때문에 초기 창안자들이 본 경제 상황은 프롤레타리아트의 해방에 필요한 물질적 조건이 아직 갖춰지지 못한 상태였다. 따라서 이런 조건을 만들어내는 새로운 사회과학과 사회 법칙을 찾으려 한다.

역사적 행동 대신 개인의 창의적 행동이, 역사적으로 창출된 해방의 조건 대신 환상의 조건이, 점진적이고 자발적인 프롤레타리아트의 계급 조직화 대신 이 발명가들이 특별히 생각해낸 사회 조직이 나타나게 된다. 이 사람들의 눈으로 보면 미래의 역사란 자기가 세운 사회 계획을 선전하고 실행하는 과정으로 환원될 뿐이다.

—

1   그라쿠스 바뵈프(Gracchus Babeuf, 1760~1797)는 프랑스 혁명이 부자와 보수파 부르주아지의 이해관계만 지켜주고 가난한 민중의 소망을 외면하는 쪽으로 흘러가자 반란을 일으키려 모의했다. 그러나 미리 들통나 처형되는데, 이 일을 '평등파 음모 사건'이라고 부른다. 바뵈프는 사적 소유 대신 평등한 분배를 요구해서 첫 공산주의 혁명가로 불리기도 한다.

## 유토피아에서 과학으로

3장의 마지막 3절에서 마르크스는 '비판적-유토피아적 사회주의critical-utopian socialism'를 비판한다. 마르크스는 다른 흐름들에 견줘 이 흐름의 긍정성을 인정한다. 생시몽, 푸리에, 오언의 "이른바 사회주의와 공산주의 체계들"의 저술과 문헌에는 자본주의 체제를 향한 '비판적 요소'들이 있다고 평가한다. 그 앞 시대의 조잡한 문헌들하고 다르다는 말이다. "보편적 금욕주의와 조잡한 형태의 사회적 평준화"를 담은 지난날의 문헌들은 16세기 독일의 토마스 뮌처나 17세기 영국의 수평파, 18세기의 바뵈프 등을 가리킨다. 뮌처는 독일 농민 전쟁을 이끈 성직자로 지상에 하늘나라를 만들자고 했고, 수평파는 영국 혁명에 참여한 군인들 중에서 소유의 평등을 외친 이들이다. 모두 부르주아 사회에 앞서 태어나 인간 해방을 꿈꾼 사람들이다.

예전에는 일본식 번역어를 가져와 유토피아 사회주의를 '공상空想적 사회주의'라고 부르기도 했다. 이 말은 문제가 있다. '공상'이라는 말 속에는 비현실적이고 터무니없다는 뜻이 들어 있는데, 《선언》이 이 조류들을 비판할 때 핵심 논점은 계획의 현실성이 아니라 노동자 계급의 운동에 발 딛지 않았다는 점이기 때문이다. 유토피아주의자들은 자기 머릿속에 그린 이상 사회의 설계도를 '위에서 아래로' 만들어냄으로써 현실 문제를 해결하려 했을 뿐, 노동자 계급의 주체적인 행동을 끌어낼 생각은 하지 않았다. 유토피아주의자들은 자본주의가 싹트는 시대에 살아 노동자들이 겪는 가난과 소외는 지켜봤지만 노동자들이 계급으로 저항하는 모습은 보지 못했다. 마르크스는 유토피아주의자들이 세운 계획은 역사적 조건하고 맞지 않아 실패했다고 비판하는데, 조금 성공했더라도 마르크스의 비판은 여전했을 것이다. 이상적인 공동체를 세운다는 이런 계획은 돈만 마련되면

'혁명'보다는 현실성 있는 계획이라고 할 수 있었다. 뒤에서 설명할 테지만 로버트 오언의 실험은 제법 크게 성공해 유럽 곳곳의 관심을 모았다. 그러므로 유토피아주의자들이 지닌 더 큰 문제는, 이런 계획 속에서 노동자 계급은 자기 자신을 해방하는 주체가 아니라 선한 지식인과 자선가들의 동정을 구하는 '고통받는 계급'에 머문다는 데 있다. 유토피아주의자들은 자기가 세운 계획의 실현하려고 지배 계급에게 돈과 지원을 호소했다. 마르크스는 이 사회주의자들이 계급을 뛰어넘는 모델을 마치 종교적 천국처럼 제시하면서 노동자들을 잘 길들인 양 떼로 여긴다며 분노했다.

노년의 엥겔스는 《유토피아에서 과학으로 사회주의의 발전》(1882)에서 자기하고 마르크스가 유토피아주의를 넘어서려 한 과정에 관해 이렇게 썼다.

사회주의는 모든 유토피아주의자들에게 절대적 진리, 이성, 정의의 표현이며, 발견되기만 하면 자기 힘으로 세계를 정복할 수 있는 것으로 여겨졌다. …… 사회주의를 과학으로 만들려면 먼저 사회주의를 실재적 토대 위에 올려놓아야 한다.

가을에 맛있는 빵을 먹으려면 봄에 씨를 뿌리고 여름내 밭일을 해야 하듯이, 사회주의는 생산 관계의 변혁과 그 변혁의 주체인 프롤레타리아트의 성장이라는 시간을 통과해야 한다. 그런 객관적 조건에 발 딛은 사회주의가 '과학적 사회주의'다. 그렇다고 사회주의가 과학 실험처럼 몇몇 조건이 같으면 예외 없이 실현된다는 말은 결코 아니다. 인간의 실천이라는 변수에 따라 좌우되기 때문이다. 뒷세대 마르크스주의자들은 마치 하

그라쿠스 바뵈프.

토마스 뮌처.

영국의 수평파.

나의 '과학'만 있고 나머지는 사이비라는 식으로 마르크스를 왜곡했고, 이런 태도는 사회주의를 개방된 광장에서 폐쇄된 밀실로 밀어 넣고 말았다.

이때 나온 많은 사회주의 문헌들도 좁은 의미에서는 무척 '과학적'이었다는 사실이 재미있다. 이제 자세히 살펴볼 생시몽, 푸리에, 오언 등은 자기들의 유토피아 구상을 지난날의 가치나 원리로 채우지 않았으며, 오히려 산업 사회의 기술이 꼭 필요하다고 여겼다.

이런 계획을 구상하면서 이 창안자들은 가장 고통받는 계급으로서 노동 계급의 이익에 주된 관심을 기울여야 한다는 사실을 의식하고 있다. 그 사람들에게 프롤레타리아트는 가장 고통받는 계급이라는 관점에서만 존재한다.

계급 투쟁이 아직 덜 발전한 데다 주변 환경도 덜 성숙한 탓에 이런 사회주의자들은 자기가 모든 계급 대립을 초월했다고 생각한다. 이런 사회주의자들은 가장 나은 처지에 놓인 이들을 포함해 사회의 모든 구성원들의 조건을 향상시키고 싶어한다. 그러므로 계급을 구별하지 않고 사회 전체에, 아니 되도록 지배 계급에 호소한다. 자기들이 만든 체계를 사람들이 일단 이해하기만 하면, 그 체계가 실현 가능한 최상의 사회 상태를 가져올 실현 가능한 최상의 계획이라는 사실을 어떻게 알아보지 못할 수 있을까?

따라서 이 사회주의자들은 모든 정치 활동, 특히 모든 혁명 활동을 거부한다. 당연히 실패할 운명을 지닌 평화로운 수단을 써서, 현실 사례의 힘을 빌려 새로운 사회적 복음의 길을 닦아 자기들의 목표를 달성하고 싶어한다.

이런 환상적인 미래 사회의 그림은 프롤레타리아트가 여전히 아주 미발전된 상태에서 자기 자신의 위치를 환상적으로 파악할 수밖에 없던 때 그려졌으며, 사회의 전반적 개조라는 프롤레타리아트가 처음 품은 본능적 열망에 일치한다.

그러나 이 사회주의와 공산주의 간행물들에는 비판적 요소도 담겨 있다. 지금 이 사회의 모든 원칙을 공격한다. 따라서 이 문헌들은 노동 계급을 계몽하는 데 쓰일 가장 소중한 자료들로 가득하다. 도시와 농촌의 차별 폐지, 가족 폐지, 사적 개인의 이익을 좇는 산업 경영의 폐지, 임금 제도 폐지, 사회적 조화의 선언, 단순한 생산 관리 기구로 전환되는 국가 기능 등 실천적인 조처들을 제안한다. 이 모든 제안들은 단지 계급 대립, 그때는 막 싹을 틔운 뒤라 이 문헌들에서 가장 초기의 흐릿하고 불확실한 형태로 겨우 인식되던 계급 대립의 소멸을 그저 가리키고 있기만 할 뿐이다. 따라서 이 제안들은 순전히 유토피아적인 성격을 보인다.

비판적-유토피아적 사회주의와 공산주의가 지닌 의의는 역사 발전에 반비례한다. 현대의 계급 투쟁이 발전하고 명확한 형태를 갖게 될수록 계급 투쟁에 거리를 두는 이 환상적인 관점, 그리고 계급 투쟁에 가해지는 이 환상적인 공격은 실천적 가치와 이론의 정당성을 모두 잃어버린다. 그러므로 이 체계의 창시자들이 여러 측면에서 혁명적이었다고 하지만, 제자들은 모두 단순한 반동적 종파를 형성했다. 제자들은 스승들이 내세운 독창적인 관점을 고집스럽게 지켜냈고, 프롤레타리아트가 이끄는 진보적인 역사적 발전에 반대했다. 따라서 이 사람들은 일관되게 계급 투쟁을 약화시키고 계급 대립을 화해시키려 노력했다. 그리고 여전히 자기들의 사회적 유토피아가 실험을 거쳐 실현되는 꿈, 곧 개별 팔랑스테르를 세우고 홈—콜로니를 만들며 작은 이카리아(새로운 예루살렘의 축소판)[1]를 올리는 꿈을 꾸며, 이 모든 공중누각을 현실화하려고 부르주아의 감정과 지갑에 호소할 수밖에 없다. 이 사람들은 점차 앞에서 서술한 반동적 또는 보수적 사회주의자들의 범주로 전락하는데, 이 두 범주의 차이를 굳이 따지자면 유토피아적 사회주의자들이 더 체계적인 현학자 행세를 하는 데다 자기들의 사회과학이 가져올 기적 같은 효과를 광적이고 미신적으로 믿고 있다는 점 뿐이다.

따라서 유토피아 사회주의자들은 노동 계급의 편에 서서 벌어지는 모든 정치 운동을 격렬히 반대한다. 그런 행동은 오직 새로운 복음을 맹목적으로 불신한 결과이기 때문이라는 것이다.

영국의 오언주의자는 영국의 차티스트에, 프랑스의 푸리에주의자는 프랑스의 개혁주의자[2]에 반대한다.

---

1 1888년 영어판에서 엥겔스는 이렇게 설명했다. "팔랑스테르는 샤를 푸리에가 계획한 사회주의적 이민촌이었다. 이카리아는 카베가 자신의 유토피아에, 나중에는 아메리카에 세운 공산주의적 이민촌에 붙인 이름이다." 그리고 1890년 독일판에서는 이렇게 설명했다. "홈—콜로니(국내 이민촌)는 오언이 자기의 공산주의적 모범 사회에 붙인 이름이다."
2 개혁주의자란 1840년대 파리의 일간 신문 《개혁》을 중심으로 모인 정치 세력을 가리킨다. 소부르주아 민주주의자, 공화주의자, 사회주의자 등 다양했다.


## 시대를 앞서간 유토피안들

유토피아주의자들은 아주 흥미롭다. 생시몽(1760~1825)은 발달한 산업 위에 국가나 정부가 없는 세계 통합 사회가 온다고 상상했다. 프랑스 귀족 출신으로 미국 독립 혁명에 참가한 생시몽은 프랑스 혁명기에는 작위를 버리고 일반 시민이 된 뒤 몰락한 다른 귀족들의 재산에 투기해 돈을 벌었다. 그 일로 고발돼 혁명 정부에 잡혀가 죽을 뻔하다 가까스로 살아났고, 그 뒤에는 미래 사회를 연구하는 데 평생을 바쳤다. 《어느 제네바 주민이 동시대인에게 보내는 편지》(1802)부터 《새로운 기독교》(1825)에 이르는 많은 책을 썼지만 생전에는 거의 인정받지 못해 아주 가난하게 살았다. 생활고 때문에 엽총 자살을 시도하지만, 총알 7발이 머리에 박힌 채 한참 더 살아야 했다.

과학자, 기업가, 예술가가 이끄는 사회를 꿈꾼 생시몽은 그렇게 되면 귀족과 정치가와 군인이 지배하던 낡고 부패한 사회가 과학적이고 효율적인 산업 조직으로 대체된다고 봤다. 그 사회는 학자, 유산자, 무산자의 3계급으로 구성되며, 인간의 통치는 사라진다. 뛰어난 천재들이 인류의 운명을 떠맡고 산업이 발달해 가장 가난한 계급의 정신적 상황과 물질적 상태가 좋아지면, 그저 '사물의 관리'만 남기 때문이다. 기계의 작동이나 생산과 분배에 관련된 행정만 신경 쓰면 된다.

마르크스는 생시몽에게서 공산주의 사회의 한 원리를 발견한다. 충분한 생산력 덕분에 사회적 부를 둘러싸고 싸울 필요가 사라지면, 다만 생산력의 관리와 조절만 남고 국가는 사라진다는 것. 생시몽은 살아 있을 때보다 죽고 난 뒤에 더 많은 제자들을 만들었다. 그 제자들은 '생시몽교'라는 유사 종교 조직도 세웠다.

생시몽의 미래 사회에서 마치 기계처럼 조직된 사회를 떠올리게 되는 반면, 샤를 푸리에(1772~1837)는 훨씬 매력적인 아이디어를 제시했다. 푸리에는 부유한 상인 가문 출신이지만 프랑스 대혁명으로 전 재산을 빼앗기다시피 한 뒤 혁명이 내뿜는 무질서한 에너지에 경계심을 품는다. 놀라운 상상력과 꼼꼼함으로 팔랑스테르라는 이상적 공동체를 구상한 푸리에는, 이 공동체를 세우는 데 필요한 돈을 댈 자본가를 찾는다는 신문 광고를 내고 12년 동안 매일 약속 장소인 카페에서 기다렸다. 아무도 오지 않았지만.

푸리에의 팔랑스테르에는 남녀 합쳐 1620명이 산다. 이런 팔랑스테르가 세계 곳곳에 세워진다. 이 공동체에서 가장 중요한 것은 개개인의 열정이며, 주민들은 열정을 자유롭게 표현하고 쾌락을 추구하라는 권유를 받는다. 공동체를 유지하려면 노동이 필요하지만, 누구든 같은 일에 두 시간 넘게 종사하지는 않는다. 반복되는 노동은 인간을 불구로 만들기 때문이다. 다만 공동체에 필요한 노동을 사람들이 꺼리는 상황을 막으려고 푸리에는 꾀를 낸다. 이를테면 쓰레기 줍기는 흙장난을 좋아하는 아이들에게 시키는 식이다. 이렇게 하면 저마다 좋아하는 일을 하면서 전체 사회에 필요한 노동이 공급될 수 있고, 노동은 고된 의무가 아니라 매력 넘치는 놀이가 된다.

팔랑스테르는 일부일처제 대신 자유롭게 남녀가 결합하며(동성 결합도 포함해서), 노인이 재능 있는 아이를 양자로 들이는 등 부모 자식의 관습적 관계도 깬다. 공동체의 생산물은 구성원 각자의 자본, 노동, 재능 등에 따라 나눈다. 누구든 최저 생계비에 해당하는 몫은 받을 수 있고, 아동도 네 살이 되면 자기 몫을 받는다. 오늘날 주목받는 '기본소득'의 시조라고 할 만하다.

푸리에에게서 '분업의 지양'이라는 사상을 받아들인 마르크스는 《독일이데올로기》에서 공산주의란 누구나 배타적인 한 가지 활동만 하지 않고 바라는 분야에서 자기를 도야할 수 있는 사회라고 말한다.

공산주의 사회에서는 사회가 전반적 생산을 규제하게 되고, 바로 이것을 통해, 내가 하고 싶은 그대로 오늘은 이 일 내일은 저 일을 하는 것, 아침에는 사냥하고 오후에는 낚시하고 저녁에는 소를 치며 저녁 식사 뒤에는 비평하면서도 사냥꾼으로도 어부로도 목동으로도 비평가로도 되지 않는 일이 가능하게 된다.*

생시몽과 푸리에가 탁상 이론가라면 로버트 오언(1771~1858)은 행동가다. 오언은 열 살 때부터 공장에서 일하기 시작해 스무 살에는 직원 500명을 거느린 공장의 지배인이 된다. 뛰어난 사업 감각을 바탕으로 승승장구한 오언은, 자기 주변의 공장에서 흔히 볼 수 있는 노동자들의 비참한 처지를 바꿔보려 한다. 스물일곱 살에 스코틀랜드의 시골 마을 뉴래너크에 방적 공장 단지를 세운 오언은 고아, 주정뱅이, 거지 등을 노동자로 모았다. 오언의 산업 공동체는 상대적으로 높은 임금, 많은 복지, 교육 기회를 제공했고, 노동자가 실수를 해도 처벌하기보다는 자발적인 반성을 이끌었다. 이 인간적인 작업장은 곧 망하리라는 사람들의 염려를 비웃으며 25년에 걸쳐 큰 성공을 거뒀고, 다른 비인간적인 경쟁 사업가들이 불황에 쓰러질 때도 꿋꿋이 살아남았다. 영국 왕실을 비롯해 여러 나라 정치가와 지식인들이 이 사례를 살펴보려고 뉴래너크에 몰려올 지경이었다.

오언식 공동체는 오언의 박애주의적 열정과 뛰어난 능력, 뉴래너크의 조건 등이 딱 맞아떨어진 결과였다. 오언을 뒤따르려 하는 사람들이 다른 곳에 가서 같은 사업을 벌였지만 여지없이 실패로 끝나고 말았다. 오언도 1826년에 미국에 건너가 '뉴하모니'라는 공동체를 열었지만, 스코틀랜드인하고 다르게 거친 미국 개척민들은 통제를 따르지 않았다. 어떤 사기꾼

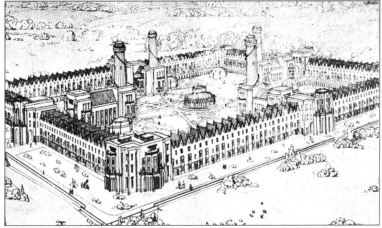

푸리에가 구상한 팔랑스테르(위)와 오언이 운영한 뉴래너크 공동체(아래).

악당에 속는 바람에 재산만 몽땅 날리고 말았다. 게다가 오언이 '착한 사업
가'에서 사적 소유와 종교를 비난하는 운동가로 변신하자 공동체를 돕던
지인들도 발을 끊었다. 오언은 말년에 노동조합 운동에 참여했지만, 마르
크스의 말처럼 오언과 그 후예들은 차티스트 운동 같은 정치 투쟁보다는

● 《칼 맑스 프리드리히 엥겔스 저작 선집 1》, 박종철출판사, 1991.

자기들의 공동체 실험에 더 집착했다.

마르크스는 유토피아주의자들의 사상과 실험이 역사적 의미가 있다고 인정하면서도 한계 또한 명확하다고 생각했다. 사람들의 상상력을 자극하고 영감을 줘 미래 사회를 선취先取하게 도왔지만, 정작 그 미래 사회를 만들 주역이 노동하고 생산하는 대중인 프롤레타리아라는 사실은 모르거나 애써 보지 않으려 했다. 서서히 몸을 일으킨 노동자들이 계급 투쟁에 나설 때, 유토피아주의자들은 왜 노동자들이 자기네 아름다운 공동체를 외면하고 매번 깨지기만 하는 싸움에 매달리는지 이해할 수 없었다. 오늘날에도 몇몇 엘리트 지식인은 민중의 이런 주체성을 이해하지 못하고 '사회 공학'으로 민중의 처지를 개선해주려는 생각에 사로잡혀 있다. 마르크스는 유토피아를 저 하늘에서 모셔오는 데는 무관심했다. 오로지 구체적인 현실 속에서 대중들의 힘으로 스스로 유토피아를 만들어가야 한다고 확신했다.

# 4장

각각의 반정부
당들에 관한
공산주의자들의
견해

2장에서 살펴본 대로 기성 노동자 당들과 공산주의자들의 관계, 곧 영국의 차티스트나 북아메리카의 토지 분배 개혁파와 공산주의자들의 관계는 명확하다.

공산주의자들은 노동자 계급의 눈앞에 닥친 목적을 달성하고 일시적인 이해관계를 충족시키려고 투쟁하지만, 다른 한편 지금 벌어지는 운동 속에서 그 운동의 미래를 보살피고 대변한다. 프랑스의 공산주의자들은 보수 부르주아지와 급진 부르주아지에 맞서 사회민주당하고 동맹하고 있지만, 프랑스 혁명의 전통에서 이어진 공문구와 환상들을 비판할 권리도 여전히 포기하지 않는다.

스위스 공산주의자들은 급진파를 지지하면서도, 이 당이 한쪽의 프랑스식 민주적 사회주의자들과 또 다른 한쪽의 급진 부르주아지라는 모순된 요소들로 구성된 사실을 놓치지 않고 있다.

폴란드에서 공산주의자들은 토지 분배 혁명이 민족 해방의 가장 중요한 조건이라고 주장하는 당을 지지하는데, 이런 주장을 하는 당은 1846년에 크라쿠프 폭동을 일으킨 바로 그 당이다.

독일의 공산주의자들은 부르주아지가 혁명적으로 행동할 때면 언제든 함께 절대 왕정, 봉건 지주, 소부르주아에 맞서 투쟁했다.

그러나 공산주의자들은 부르주아지와 프롤레타리아트 사이의 적대적 대립을 노동자들이 되도록 아주 뚜렷이 인식할 수 있게 하려는 노력을 한순간도 멈추지 않는다. 부르주아지가 권력을 쥐면서 반드시 도입할 수밖에 없는 사회적 조건과 정치적 조건들을 부르주아지에 대항하는 무기들로 바꿔 독일 노동자들이 곧바로 써먹을 수 있어야 하기 때문이며, 독일의 반동 계급들을 몰아낸 뒤 곧바로 부르주아지에 맞서 투쟁을 시작해야 하기 때문이다.

공산주의자들은 대개 독일에 관심을 보인다. 독일이 부르주아 혁명의 전야에 있기 때문인데, 유럽 문명이 좀더 진보한 상황에서, 17세기의 영국이나 18세기의 프랑스보다 훨씬 더 발전한 프롤레타리아트하고 함께 혁명을 실행하게 될 것이다. 그리고 독일의 부르주아 혁명은 곧 시작될 프롤레타리아 혁명을 알리는 서곡이 될 수 있기 때문이다.

## 혁명은 연속해서 일어난다

《선언》에는 과거, 현재, 미래가 겹쳐 있다. 인류의 기나긴 역사를 마르크스는 역사 유물론이라는 독창적인 통찰력으로 분석한다. 마르크스는 인류가 '먹고사는 문제'를 해결하는 방식의 변화, 곧 생산 방식과 생산 관계의 변천에 따라 새로운 사회 체제를 구성해온 사실을 밝혔다. 역사는 실제로 생산하는 계급과 그 계급을 지배해 잉여 생산물을 차지하는 계급이 벌인 계급 투쟁의 역사고, 그 현대판은 바로 부르주아지와 프롤레타리아트의 투쟁이다.

《선언》의 또 다른 시간대인 현재에, 프롤레타리아트가 하나로 단결해 부르주아지에 맞서 결전을 벌이려면 역사 운동을 파악하고 과학적인 미래 전망을 지닌 공산주의자들이 프롤레타리아트를 조직하고 교육해야 한다. 공산주의자하고 결합한 프롤레타리아트는 여러 나라에서 민주주의 혁명을 일으켜야 한다. 그 혁명은 공산주의로 나아가는 발판이기 때문이다.

또 하나의 시간대는 미래다. 민주주의 혁명이 공산주의 혁명으로 이행해서 발전하고, 프롤레타리아트가 정치권력을 차지해 사적 소유를 폐지한 뒤 전체 사회에 부를 나눌 정도로 생산력을 증대시키면, '자유로운 인간들의 연합'이라는 새로운 사회가 도래한다.

《선언》은 이런 시간대를 논리적으로 구성했다. 구체적으로 1장에서 4장까지 카메라를 '줌업' 하듯 큰 범주에서 작은 범주로, 역사의 전체적 흐름에서 당면한 구체적 현실로 좁혀 들어간다. 1장은 부르주아지와 프롤레타리아트라는 두 계급의 출현을, 2장은 그중 혁명적 계급인 프롤레타리아트와 공산주의자의 관계를, 3장은 공산주의자와 18~19세기 복잡하고 다양하던 여러 사회주의가 맺은 관계를, 끝으로 4장은 1848년에 여러 나라의 반정부 당들과 공산주의자가 어떤 관계를 맺을지를 해명한다.

오늘날 《선언》을 읽는 우리에게 공산주의자들이 영국에서 차티스트하고 어떤 관계였는지, 스위스에서 어떤 세력을 만나 연대했는지는 크게 중요한 문제가 아니지만, 그때는 이런 '지침'이 필요했다. 이런 게 없었다면 "그래서 차티스트하고 손을 잡으라는 거야, 말라는 거야?" 하는 혼란이 생겼을 것이다. 그런 의미에서 《선언》은 철저히 현실 운동의 '매뉴얼'이었다. 그러나 현실 운동을 생각해서라도 단순한 도덕심이나 감정적 흥분에 들떠 행동하면 안 된다. 마르크스는 세상을 바꾸려면 먼저 냉철하게 역사의 흐름을 공부하라고 말한다. 역사의 흐름을 알아야 미래에 관한 올바른 전망과 확신을 가질 수 있고, 실패에도 흔들리지 않으며, 창조적인 전략을 세울 수 있다. 일제 강점기에 조선의 많은 지식인들이 친일파로 돌아선 까닭이 꼭 개인의 사리사욕은 아니다. 제국주의는 언젠가 망한다는 역사의 흐름을 이해하지 못했을 뿐이다. 해방 뒤 친일파라는 비난을 받자 "일본이 적어도 200년은 갈 줄 알았다"고 한 어느 시인을 생각해보라.

4장에 나온 정치 세력들을 하나하나 설명할 필요는 없겠다. '당'이라고 해봤자 현대의 정당하고는 전혀 다르며 통일된 조직도 아니었다. 나라마다 발전 수준이 달라 어느 나라는 선거권 쟁취가, 어느 나라는 토지 개혁이, 어느 나라는 민족 독립이 눈앞에 닥친 과제였다. 노동자 계급도 자기가 몸담은 사회의 발전 단계에서 절박한 과제를 해결하지 않은 채 자기를 둘러싼 이해관계를 빠꿀 수는 없다. 따라서 마르크스는 공산주의자들은 그 나라에서 가장 시급한 과제를 자기 과제로 삼고 어떤 세력이든 기성 체제에 맞서 싸우는 운동들하고 연대해야 한다고 말한다. 봉건 세력에 맞서 싸울 때는 부르주아지하고도 손을 잡아야 한다(그러나 이런 과제도

시대가 흐르면 바뀐다. 1848년 혁명에서 부르주아지의 배신을 겪은 공산주의자들은 노동운동이 성장하자 노동자 계급의 독자 정당 건설을 과제로 삼게 됐다). 다만 "지금 벌어지는 운동 속에서 운동의 미래도 대변"하는 노동자들은 봉건 세력을 무너뜨릴 때 부르주아지하고 손을 잡지만, 부르주아지가 지배하는 체제가 세워지면 이번에는 부르주아지를 거꾸러뜨리는 운동을 시작해야 한다.

정치 혁명은 사회 혁명으로, 민주주의 혁명은 공산주의 혁명으로 발전돼야 한다. 마르크스는 이것을 '혁명의 영속'이라고 부르고 러시아 혁명가 레온 트로츠키는 '영구 혁명'이라고 했지만, 좀더 쉽게 '연속 혁명'이 좋겠다. 혁명은 연속하며 이어질 것이다. 공산주의자는 노동자들이 이 과제를 이해할 수 있게 끊임없이 선전하고 선동해야 한다.

그런데 공산주의자들이 주로 독일에 관심을 갖는다는 말은 약간 억지스럽게 들린다. 노동자 계급의 투쟁은 영국이나 프랑스에서 훨씬 거세게 일어나는 중이었다. 《선언》이 가장 먼저 독일어로 나온 사실을 봐도 알 수 있듯이, 마르크스나 엥겔스는 아무래도 '조국'인 독일 혁명에 관심이 많았다. 독일은 영국, 프랑스보다 자본주의 발전이나 부르주아지의 세력화 모두 늦었지만 '모순의 압축 진행'을 겪고 있었다. 독일은 위에서는 여전히 봉건적인 지배가 탄탄했지만 아래에서는 현대식 공업이 진전하면서 노동과 자본의 대립이 거셌다. 영국이나 프랑스에서 100년 동안 진행된 모순을 10년에 압축하면 폭발력도 더 크지 않을까? 마르크스는 독일에서 부르주아지의 반봉건 혁명이 독일 프롤레타리아트를 혁명적으로 만들고, 독일 프롤레타리아트의 혁명 운동이 유럽의 프롤레타리아 혁명을 폭발시킬 것이라고 생각했다.

1848년 봄, 파리에서 시작된 혁명은 곧 독일로 확산했다. 바리케이드를 세운 알덴부르크 시민들.

물론 1848년 3월 독일의 혁명은 전혀 그렇게 진행되지 않았다. 프랑스 2월 혁명에 관련된 소식이 전해지자 독일 남서부 만하임을 시작으로 여러 도시에서 봉기가 일어났다. 자유주의 지식인, 학생, 도시 수공업자와 노동자 등이 합세한 봉기 세력은 바리케이드를 쌓고 출판의 자유, 검열 폐지, 의회 수립, 헌법 제정을 외치며 왕의 군대에 맞섰다. 혁명은 곧 독일 안의 강대국인 오스트리아와 프로이센을 향했다. 3월 13일 빈에서 공화파가 봉기하자 황제 페르디난트와 재상 메테르니히가 도망쳤고, 18일 베를린에서도 시가전이 벌어졌다. 수백 명이 죽고 다치자 프로이센 군주 빌헬름 4세는 시민들의 요구를 받아들인다며 한발 물러섰다. 그렇게 해서 '프랑크푸르트 국민의회'가 구성됐다. 마르크스는 독일로 달려가 《신라인 신문》에 글을 실어 독일 통일과 입헌 개혁을 이끌라고 의회에 촉구했지만, 부르주아지와 소부르주아지로 구성된 의회는 군주정을 상대로 한 운명을 건 싸움이 두려운 한편으로 사유 재산에 저항하는 노동자들의 투쟁도 두려워

했다. 여기에 독일의 통일을 싫어한 주변 국가들의 견제까지 겹쳐 무기력
하게 시간만 끌던 의회는 이듬해인 1849년 3월 빌헬름 4세가 자기를 황제
로 '선출'하려는 의회의 제안을 거부하면서 사실상 무너졌고(빌헬름 4세
는 왕권은 하늘이 주는 것이라고 여겼다), 몇 달 뒤에는 군주와 귀족들의
군대에 떠밀려 해산되고 말았다. 프로이센 군대 4만 5000명과 혁명군 2만
7000명이 맞붙은 바덴 전투에는 공산주의자 동맹의 엥겔스와 요제프 몰
도 참가했는데, 혁명군이 패하면서 요제프 몰은 전사하고 엥겔스는 가까
스로 도망쳤다.

마르크스는 부르주아지의 비겁함을 거세게 꾸짖었지만, 사실 유럽에
서 1789년 프랑스 혁명을 빼면 어느 나라도 부르주아지가 혁명의 주도권
을 확실히 쥔 적은 없었다. 독일 통일은 자본주의 공업이 발달한 데 힘입
어 프로이센이 주변 강국 프랑스를 '철과 피'로 제압할 수 있게 된 뒤에나
달성됐다.

한마디로 말해 공산주의자들은 어느 곳에 있든 지금의 사회와 정치 현실에 반대하는 모든 혁명 운동을 지지한다.

이 모든 운동 속에서 공산주의자들은 소유 문제가 발전한 정도에 상관없이 소유 문제를 운동의 근본 문제로 내세운다.

마지막으로 공산주의자들은 어느 곳에 있든 모든 나라의 민주주의 당들이 단결하고 합의할 수 있게 노력한다.

공산주의자들은 자기의 견해와 의도를 숨기는 것을 경멸한다. 공산주의자들은 자기의 목적이 이제까지 존재하던 모든 사회 질서를 폭력적으로 전복해야만 달성될 수 있다고 떳떳이 선포한다. 지배 계급이 공산주의 혁명 앞에서 벌벌 떨게 하라. 프롤레타리아는 족쇄 말고 아무것도 잃을 게 없다. 프롤레타리아는 얻어야 할 세계가 있다.

전세계 프롤레타리아여, 단결하라!

## 《선언》, 폭풍처럼, 들불처럼 ― 칼 마르크스 인터뷰

대학에 다닐 때 운동권 용어로 "아지 뜨다"라는 말이 있었다. 아지는 강아지나 망아지가 아니고 선동을 뜻하는 '아지테이션agitation'의 줄임말이다. 시위 현장에서 참여자나 시민들을 격동시키는 짧은 연설이나, 저항과 투쟁을 노래하는 민중 가요를 부르기 전에 붙이는 몇 마디 힘찬 멘트를 아지 또는 아지 뜬다고 했다.

아지를 목청 좋게 잘 뜨는 어느 선배가 무척 멋지게 보였다. 이순신 장군이 거북선 타고 왜적을 향해 지르는 호령 같은 걸까. 그 선배는 《선언》의 마지막 구절로 아지를 떴는데, 큰 목청에 그것보다 잘 어울리는 문장이 없었다. "공산주의자들은 자기의 견해와 의도를 숨기는 것을 경멸한다"로 시작하는 문장들을 스무 살 갓 넘은 청년들이 고래고래 외쳐대는 모습은 거기에 담긴 역사의 무게로 볼 때 좀 치기 섞인 행동이었지만, 세월이 흐른 지금도 왠지 저 문장들은 그렇게 배에 힘 딱 주고 힘찬 목청으로 읽어야 할 것 같다. 그만큼 박력과 기세가 넘쳐흐른다.

이 문장들은 종이 위에 쓴 죽은 글자가 아니다. 이 문장들은 진격하는 노동자 군대의 대포 소리, 집채만 한 바위를 깨면서 떨어지는 폭포, 저기서부터 들판을 활활 태우며 다가오는 불길, 앞에 있는 것은 뭐든지 날려버리는 폭풍을 연상시킨다. 더 대담하고 더 폭발적인 문장들을 어디서 찾을 수 있을까? 역사적 필연에 관한 확신, 혁명적 프롤레타리아트를 향한 믿음이 소나기 내린 뒤의 흙 냄새처럼 확 풍겨온다. 몇 번만 읽어보면 금세 외울 수 있을 정도다. 다시 미켈란젤로의 노예상을 떠올려보라. 온몸을 짓누른 돌덩어리를 부수지 않고서 결코 해방될 수 없는 노예들처럼, 프롤레타리아트는 사적 소유와 임금 노동의 족쇄를 파괴해야만 자유로워질 수 있다. 이 일은 타협이나 동정으로 할 수 없으며, 호소나 청원으로 될 문제도 아니다. 단결해 싸우는 노동자들만이 새로운 세계를 얻을 수 있다.

《선언》해설을 마무리하기 전에 칼 마르크스를 만나 직접 이야기를 들어보자. 자, 1870년대 말 런던에 있는 마르크스의 집으로 가자.

칼 마르크스 씨, 안녕하세요? 21세기 독자들이 하도 요청해 당신을 만나러 왔습니다.

21세기에서? 오오, 이런 일이! 그렇게 뛰어난 기술을 보유한 당신네 시대는 분명 공산주의 사회가 틀림없겠구려.

음……사실은 그렇지 않습니다. 공산주의 국가들이 지구를 3분의 1 가까이 차지한 적도 있었지만, 지금은 대부분 몰락했죠. 내부 문제도 심각했고요.

오호, 그런 일이…….

마르크스 씨, 많이 실망하셨나요?

실망? 내가 왜 실망한다는 말이오?

아무래도 당신이 한 예언이 빗나갔으니까……

예언? 나는 점쟁이가 아니오. 나는 인류의 정해진 운명 따위를 말한 게 아니라, 역사의 긴 변천 과정에서 작용한 경제적 법칙들이 현재와 미래의 인간들이 살아가는데도 작용할 거라고 했을 뿐이오. 그 법칙들 위에서 인간은 실천으로 자기 운명으로 개척해가는 거요. 아마도 '공산주의 국가들'이 생겨난 것은 자본주의를 극복하려는 노력의 결과였겠지요. 당신은 공산주의 '국가들'이라고 했는데, 나는 공산주의를 국가라는 형태 속에 한정한 적이 없소. 만약 공산주의 국가들 내부에 모순이 있었다면 싸워서 극복해야 하는 것이오. 어떻소, 내가 죽은 뒤 인간들이 자기 사회의 모순에 맞서 싸우면서 역사를 이어갔소, 아니면 가축처럼 길들여져서 살았소?

물론 인간들은 끊임없이 지배와 억압에 맞서 싸웠습니다. 저항하는 사람들은 당신이 남긴 저작과 사상에서 많은 영감을 얻었고요.

그야말로 기쁜 소리로군. 육십 평생을 혁명에 바친 내게 그만한 보람이 어디 있겠소.

칼 마르크스 씨, 사실 제가 온 21세기 자본주의 사회에도 많은 문제가 있습니다. 다 말씀드리기는 그렇지만 빈부 차이도 심해지고, 비정규직 노동자들도 자꾸 늘고, 환경도 파괴되고, 얼마 전에는 돈 때문에 안전 수칙도 제대로 지키지 않은 여객선이 침몰해 청소년 수백 명을 포함한 많은 사람이 죽는 끔찍한 사고도 있었지요. 솔직히, 이런 사회를 어떻게 고쳐가야 할지 엄두가 나지 않습니다.

그렇군요. 그 마음 잘 알겠소. 그래도 힘을 내시오. 내가 어느 글에 썼듯이, 인간은 항상 자신이 해결할 수 있는 문제만을 제기하는 법이오.● 문제란 언제나 그 해결을 위한 조건들이 함께 주어져 있는 곳에서 출현하거나 적어도 그 조건들이 형성되고 있는 곳에서만 출현한다오. 당신들이 해야 할 일은 인간의 소외를 용납하지 않겠다는 태도와, 사회를 과학적으로 분석해 문제의 근본적 원인을 찾으려는 자세를 갖추는 것이오. 내가 말한 '지배 계급으로 하여금 공산주의 혁명 앞에 전율하게 하라'는 말을 자칫 혁명의 과격함을 강조하는 말로 오해하지 마시오. 나는 세상을 근본적으로 바꿔가는 일이 중요하다고 말하고 싶었소. 시간이 걸리더라도 인내하면서 말이오. 아시겠소?

잘 알겠습니다. 끝으로 마르크스 씨, 21세기의 청년들에게 한 말씀만 부탁드립니다.

내가 좋아하는 경구를 들려드리지요. "인간의 일 중에서 나하고 무관한 일은 없다!"

---

● 《칼 맑스 프리드리히 엥겔스 저작 선집 2》, 박종철출판사, 1992.

# 그해 여름,
# 어느 하청 노동자의 일기

20대의 어느 여름, 나는 어느 자동차 공장의 하청 노동자로 일했다. 돈도
벌고 비정규직 노동 현장의 실태도 체험하고, 할 수 있다면 비정규직 노동
자들을 '조직화'해보려 했다. 그때 내가 쓴 일기를 들춰본다.

### 7월 18일 화

H자동차 3공장 ○○산업에 취업 성공. 일당 3만 7500원. 오후 3시에 ○○산업
소장과 면담했는데, 그날 야근으로 첫 출근했다. 낮잠을 못 자고 일하러 가서
너무 졸렸다. 맡은 작업은 샌딩반. 차체의 오물이나 먼지를 샌드페이퍼로 제거
하는 작업이다. 에어컨도 쌩쌩 나오고 일은 쉬웠다. 직영(H자동차 정규직)과
함께 일한다.

### 7월 19일 수

천국에서 지옥으로. 어제 작업이 직영 아저씨들 말마따나 H자동차에서 제일
편한 일이라면, 3공장에서 제일 힘들다는 엠블렘부로 가게 됐다. 하청 6명이

한 팀을 구성한다. 팀장은 33살 아저씨고, 내 또래의 형, 동갑내기, 아르바이트 대학생들로 구성돼 있다. 작업은 자동차에 충격 완화용 고무 범퍼를 다는 일. 도어, 후드, 트렁크에 각각 고무 범퍼를 끼우고 붙인다. 라인은 두 개고, 우리 팀은 이 두 라인을 동시에 커버한다. 라인을 타고 차는 매우 빠르게 흘러간다. 엠블렘부라 부르는 이유는, 회사 로고와 제품 로고를 트렁크 뒤에 붙이는 작업이 이 공정을 대표하기 때문이다(하지만 정작 로고 붙이는 일은 가장 쉬운 일이라 아주머니 두 분이 도맡는다). 나는 왼쪽 도어를 맡았는데, 일이 손에 익지 않고 고무 끼우는 손가락은 너무 얼얼하다. 어제하고 정반대다. 숨이 헉헉 차고 땀으로 온몸을 적셨다. 퇴근길에 다리에 힘이 없어 주저앉을 뻔했다. 너무나 긴 밤이었다.

### 7월 22일 토

처음으로 철야 특근 한 날. 토요일 오후 5시부터 일요일 아침 8시까지 내리 15시간을 공장에 있으면서 14시간을 일한다. 〈노동의 새벽〉을 처음 읽을 때, 철야 특근을 밥 먹듯이 한다는 노동자들의 삶에 호기심이 컸다. 지금의 결론은? 그저 죽고 싶은 밤이었다. 그 알량한 영양제 한 알, 1500원짜리도 안 되는 도시락, 빵과 음료수 하나씩. 생각해보라! 8시간 일한 뒤 야식 시간인 새벽 1시가 됐는데, 아직 6시간을 더 일해야 한다는 아득함!

아직도 고무 끼우는 일이 익숙하지 않다. 고무 하나 끼우는 일은 남자 힘으로 어렵지 않지만, 10초당 하나씩 끼우면서 50초에 차 한 대 작업을 처리하고, 하루에 500대를 잡고 나면 나중에는 손가락부터 시작해 삭신이 다 쑤신다. 내가 좀 늦게 배우는 편이란다. 이 말을 이렇게 점잖게 해준 사람은 없다. 배고파서 빵 하나 더 먹었더니 일도 못하는 게 빵만 많이 처먹는다고 구박하면서 하는 말이지……. 여기서 계속 버틸 엄두가 안 난다.


### 7월 28일 금

여름휴가 일정이 나왔다. 그런데 휴가 특근 일정도 같이 나왔다. 개 같다. 모두 욕을 한다. 휴가 시작하는 날 아침까지 잔업 철야가 있고, 휴가 끝 날인 8월 6일에도 특근이 있다. 그리고 일정표 밑에 "휴가 계획에 참고하라"고 써 있다. '참고하라'고! 이런 썩을 경우가 있나! 누가 "차라리 휴가를 주지 말든가!" 하고 투덜거린다. 반장이 형식적으로 특근 여부를 묻고 다닌다. 나는 6일 특근은 못 한다고 했는데, 29일 특근은 다 해야 하는 분위기라 한다고 했다. 겨우 2주 일했지만 휴가가 눈 빠지게 기다려진다. 특근은 너무 싫다.

3공장 앞에는 '기술최고, 고객최고, 품질최상, 인간최상'이라는 표어가 붙어 있다. '노동 시간 최장, 노동 조건 최악!' 이렇게 바꿔 써야 한다.


### 8월 7일 월

직영들 7월 월급명세서가 나왔다. 우연히 그 명세서를 봤는데, 5년 일한 직영 형이 200만 원 정도, 15년 일한 최고참은 270만 원 정도다. 지난 달 잔업 철야가 많았다고 해도 대단하다. 직영들의 연봉은 얼마나 되는지 물어보니까, 10년 차를 기준으로 할 때 매달 평균 200만 원에 보너스 합쳐서 3000만 원에서 3500만 원 사이다. 내 7월분 봉급(2주 치)은 42만 원 정도? 게다가 보너스 50만 원은 아직 석 달 더 있어야 받는다. 이 애기를 하청 사이에서 하니까, 사람들이 모두 직영을 욕한다. 똑같이 일하고 왜 자기들만 더 받느냐……. 직영과 하청의 정서적 대립은 하청 스스로 노동자라고 인식하지 못하게 하고, 자본가와 자기 사이의 대립을 은폐한다. 하청은 H자본, 업체, 직영에게 착취당하고 무시당한다. 이 사람들이야말로 '약한 고리'라는 생각이 든다. 그러나 이 사람들의 의식은 전혀 '노동자 계급'의 것이 아니다.

## 8월 10일 목

이제 엠블렘 작업에 완전히 익숙하다. 후드, 트렁크, 도어까지 우리 공정 전체를 능숙하게 다룬다. 팀의 일원으로 충분한 구실을 할뿐더러 신참들 교육도 잘 시키고 있다. 처음에 나를 가르친 고참은 그저 고무 끼우는 일만 가르쳤다. 그러나 나는 내가 파악한 공정의 진행 순서를 알려주고 그 과정에서 우리 공정이 어떤 구실을 하는지도 가르쳐준다. 듣는 놈이 알고 싶은지 어쩐지는 모르지만.

## 8월 19일 토

다시 샌딩반으로 옮겼다. 철야 특근 중에 피곤해서 잠깐 졸았다. 직영 중에 나이가 좀 많고 목소리 큰 사람이 있는데, 그 아저씨가 졸고 있는 나한테 와서 "졸리나?" 하고 물었다. 그래서 "예" 했더니 자기가 대신 해줄 테니 피곤하면 자라는 것이다. 이렇게 고마울 데가. 안심하고 졸고 있는데 조장이 와서 등을 탁 치고 간다. "차 밀렸는데 자면 우야노!" 아니나 다를까 라인 가득 차가 밀려 있다. 대신 해준다는 아저씨는 어디로 사라졌는지 보이지 않았다. 어허……이런 싸이코 같은 양반을 봤나.

## 8월 24일 목

작업 도중에 5분씩 짬을 내어 일하는 사람들이 돌아가며 화장실에 가서 담배 한 대씩 피고 돌아온다. 내 차례가 돼 화장실에 갔다. 보통은 빈 페인트 통에 걸터앉는데 오늘은 의자 대용품이 없었다. 아무 망설임도 없이 화장실 바닥에 픽 주저앉았다. 더럽다는 생각도 안 들었다. 하얀 화장실 천장과 조용히 돌아가는 환풍기를, 또 거울에 비친 나를 봤다. 화장실 바닥에 앉아 타 들어가는 담배를 바라보고 초조해하며 멍하니 앉은 나. 아무런 가식도 없는 이 모습이 진짜 내 모습일까. 순간 내 평생 결코 이 화장실을 잊지 못할 거라는 그런 생각을 했다. 이 하얀 천장과 더러운 붉은 바닥과 거기 초라하게 앉아 있는 내 모습을 잊을 수 없을 거라는.


8월 27일 일

갑자기 일요 특근이 잡혔다. 너무 열이 받았다. 못한다고 했는데 사람이 없다면서 반강제로 참여하게 됐다. 금요일, 토요일 내내 반장은 눈을 부라리며 출근을 확인했다. 나는 속이 뒤집어지는데 사람들은 어쩌겠냐는 분위기다. 그래서 더 열 받는다. 일이 있을 때 돈 벌어놓자는 심리에서 엄청난 장시간 노동을 '자율적으로' 참여한다. 자기가 빠지면 동료가 고생한다는 믿음이 철저하다. 휴일마저 자본가들의 생산에 바치는 아주 비상식적인 행동을 하면서 휴일을 자기 계획대로 쓰려는 당연한 생각을 하는 사람을 힐난한다. "남아 일하는 우리가 고생한다 아이가!" "한 푼이라도 더 벌어야지, 니 돈 많나?" 이런 식이다. 결국 특근에 나와 씩씩대며 일하다가 새삼스런 진리를 깨달았다. "라인이 돌아가는데 사람이 없다"는 말이 거짓말이라는 것! 사람이 있으니까 라인이 돌아가는 것이고, 사람이 없다면 당연히 라인은 줄거나 느려진다(철야 가서 또 열 받은 사실은, 인원이 라인 물량에 견줘 남아돈 것이다. 조반장은 틈만 나면 자고, 우리도 쉬엄쉬엄 일했다. 나를 특근 나오게 한 반장의 호들갑이 거짓말이라는 데 화가 났지만, 다른 동료들은 인원이 많으니까 편하다고 좋아할 뿐이다). 우리 시급이 오르지 않는 이유는 우리가 잔업과 철야를 너무 많이 하기 때문이다. 우리 스스로 노동력의 가치를 떨어뜨린다. 사흘 치 일을 사흘에 걸쳐 해야 하는데, 그걸 하루에 다 해버리니 노동력 가치가 점점 떨어질 수밖에! 잔업 철야 수당이 나와도 원래 기본급이 적으니 큰돈이 안 된다(특근수당은 기본시급+기본시급의 50퍼센트~150퍼센트를 가산함). 기본급을 올려야 하는데, 그저 몇 푼의 잔업철야 수당에 목을 걸고 있으니! 자기 노동을 통제하지 못하면 정당한 대가도 기대할 수 없다.

### 9월 5일 화

하청 휴게실에 있으면 대부분의 대화가 성적 농담이거나 놀러갈 궁리다. 반장은 애인이 바로 옆 공정에서 일하는 스무 살 아가씨인데, 애인이랑 나눈 성관계 경험담을 신 나게 떠들기가 예사다. 유부남들이 그런 이야기를 주도한다. 틈만 나면 어디 가서 고기 구워 먹자거나 여자들이 나오는 노래방에 가자는 소리다. 그럼 바로 계획이 세워지고 모두 회비를 내라고 강요를 해대는데, 그때마다 약속이 있어 못 간다는 핑계를 대기가 쉽지 않다. 한번은 회식에 따라갔는데, 회 먹고 나이트까지 가는 바람에 5만 원이 깨졌다. 진지한 대화를 할 기회는 없고, 속도전으로 먹고 노는 판이라서 별로 끼고 싶지가 않다.

재미있는 것은 이 사람들도 노조나 현장 조직에서 나온 신문을 모아 읽기도 하고, 그중에 하청 얘기가 나오면 관심을 집중한다는 것이다. 하청도 노조가 있어야 한다는 얘기를 심심찮게 하고, 노동 시간 단축이나 임금 인상에도 적극 동조한다. 그러나 그런 대화는 몇 분의 열정으로 끝난다. 조장은 "하청 노조가 생기면 다 좋은데, 데모할 때 우리가 맨 앞에 서야 한다 아이가. 직영은 뒤로 빠지고 우리만 독박을 쓰는 기라" 하는 식으로 찬물을 끼얹고, 사람들은

"맞다, 맞다" 하며 얘기가 식는다. 반장은 아주 기회주의적인데, 노조 얘기가 나오면 동조하는 척하다가 은근히 "회사도 사정이 어렵다 카더라. 사장님이 조금만 기다리라 카더라" 하면서 안 된다는 쪽으로 김을 뺀다. 고참인 한 녀석은 왕바보인데, 회사를 향한 충성심으로 차 있어 "일 열심히 하면 사장님이 알아서 잘 해주겠지, 그재?" 따위 소리나 해댄다. 아르바이트 대학생들은 그런 얘기에 전혀 관심 없고, 월급 받아 놀러 갈 궁리뿐이다. 노조나 하청의 노동 조건 얘기가 나오면 나도 슬쩍 끼어 얘기를 해보려 하지만, 이 사람들은 금방 예의 다른 주제로 넘어가버린다. 답답함을 넘어 밉기까지 하다. 하청은 과연 노동자일까?

### 9월 7일 목

하청은 이름표가 없다! 갑자기 내 머릿속에 박힌 생각이다. 직영 노동자는 작업복 오른쪽 가슴에 자기 이름이 새겨져 있다. 그러나 하청 노동자는 작업복에 이름표가 없다. 그 옷을 벌써 몇 사람이 입었는지 아무도 모른다.

이게 무슨 뜻일까? 이름 없는 노동자, 이름이 필요 없는 노동자, 책임도 의무도 분명하지 않은 소모품? 어떤 놈은 이름표 자리에 영화배우 이름을 쓰기도 하고, 잃어버리지 않게 별표를 하기도 한다. 어쨌든 뚜렷이 새겨진 직영의 이름표와 하청의 이름표 자리는 각자의 처지를 대조시킨다. 그런 대조는 차이를 부각시킬 뿐 아니라 차이를 불평등하게 만든다. 화장실 가서 담배 필 때 빈 의자에 앉았다가도 직영 노동자가 들어오면 비켜야 할 것 같은 느낌이 드는 이유가 단지 그 사람의 많은 나이만은 아니었다. 무의식중에 내 머리에 박힌 신분의 차이였고, 이 작업복이 그 차이를 고정했다.

똑같이 일하고 잡일을 더 많이 하는 하청 노동자가 왜 차별받아야 할까? 하청이니까! 이런 말도 안 되는 순환 논리를 하청 스스로 받아들이고 있다. 하청은 가장 밑바닥에 놓인 이들이고, 생활과 의식, 사람을 대하는 태도도 가장 저열하다. 한번은 내가 "여자들은 우리보다 시급 200원 넘게 덜 받는다 하대요. 불공평하지 않나요?" 했다가 미친놈 취급을 받았다. "남자들이 처자식 먹여 살리니까 당연한 거 아이가!", "그년들 일도 못하면서 만날 소장한테 징징거리고 말만 많고", "불공평하면 니 월급 띠주거라" 따위의 말을 들었다.

### 9월 9일 토

회사(○○산업)에서 추석 선물로 종합선물세트 3호 한 박스씩 돌렸는데, 비누, 샴푸, 린스, 치약 따위가 든 싸구려다. 원청에서 얼마가 내려오고 이 업체 사장놈들은 얼마를 떼어먹고서 남은 걸로 이런 생색을 낼까? 팀의 바보 한 놈이 또 사장님 고맙다고 지랄이다. 다른 사람들은 직감으로 이 선물이 알량한 생색이라는 것을 안다. 그러나 별수가 없다. 보너스 한 푼 받지 못한 채 추석 잘 다녀오라는 소장의 악수를 받고 꾸벅대는 모습에 어찌나 화가 나든지! 계급의식은 찾을 수 없고 온통 종업원 의식, 머슴 의식만 넘친다.

사람들의 무의식 속에는 분명 자기 처지를 향한 분노가 쌓여 있다. 그 분노는 자주 자기들의 언어로 분출된다. 그러나 그 정서적 분노에 견줘 계급 의식은 전혀 싹트지 않은 상태다. 이름표가 없는 하청 노동자가 왜 자기 옷에는 이름표가 없는지 각성할 날이 과연 올까?

20대 초에 마르크스를 읽으며 '새 세계를 건설할 프롤레타리아트'를 상상했지만, 공장에서 반 년 동안 일할 때 상상 속의 그 이미지는 산산조각 났다. 일기에서 보다시피 나는 노동자들을 만나며 절망했다. 노동자들이 전혀 계급으로 뭉치지 못하고 있다는 사실에, 또 그 노동자들과 나 사이에 단단한 벽이 놓여 있다는 사실에. 공장을 나올 때 내게 남은 건 혼란뿐이었다.

그러나 몇 년 뒤 들려온 소식에 나는 깜짝 놀랐다. H공장 하청 노동자들이 회사의 탄압을 이겨내고 비정규직 노동조합을 만들고, 공장을 점거해 파업에 들어간 소식이었다. 아니, 그 한심하고 저열한 사람들이, 사장이 주는 샴푸 박스 하나에 허리를 꾸벅 조아리던 그 사람들이 노동조합을 만들었다고? 붉은 머리띠를 묶고 '비정규직 철폐'와 '원청의 직접 고용'을 외치며 싸우고 있다고? 믿을 수 없었다. 나아가 '이름표 있는 노동자'와 '이름표 없는 노동자'가 하나로 뭉쳐 싸운다고 했다. 노동자들은 자본이 세워놓은 많은 벽, 곧 직영과 하청 사이, 하청과 하청 사이, 노동자 자신의 생활 조건과 심정의 분노 사이에 놓인 벽을 넘어 단결했다. 나는 공장 일기를 다시 꺼내 봤다. 한편으로 내 조급함을 반성했으며, 한편으로 희망이라는 놈을 붙잡았다. H공장 노동자들에 관한 희망만은 아니다. 우리들의 얘기고, 우리들의 희망이다.

마르크스는 "의식이 생활을 규정하는 것이 아니라 생활이 의식을 규정한다"고 하면서 "만국의 프롤레타리아여 단결하라!"고 호소한다. 이 두 문장 사이의 간격에서 절망과 희망이 함께 생겨난다. 노동자들이 놓인 처지가 노동자들의 의식을 규정하는 것은 사실이다. 그렇다면 노동자들끼리 아등바등 경쟁하는 일 말고 달리 무엇을 기대할 수 있을까. 그렇지만 또한 노동자들은 그 어떤 억압에 놓여도 단결했으며, 그 단결로 자신들의 처지를 바꾸고 빼앗긴 권리를 되찾았다. 쉽지 않았고, 긴 시간이 걸리기는 했지만 말이다. 지금 H공장은 밤샘 근무가 사라졌고, 대법원은 회사에 하청 노동자를 직접 고용하라고 명령했다(그렇지만 회사는 이 명령을 받아들이지 않으려고 헌법재판소에 소송을 낸 상태다).

어떻게 해야 이 간격을 넘어 절망을 희망으로 바꿀 수 있을까. 우리는 마르크스에게서 무엇을 배워야 할까. 이 책 곳곳에서 얘기했지만, 다시 그 가르침을 세 가지로 정리해보자.

첫째, 현상에 현혹되지 말고 감춰진 본질을 봐야 한다. 현상과 본질이 일치한다면 과학이란 필요 없다고 마르크스는 말했다. 무엇이 우리를 힘들게 하는지 원인과 배경을 똑바로 알자는 거다. 왜 저 사람은 왕이고 우리는 '시다바리' 백성인가. 왕이 특별해서 그런 것 같지만, 사실은 우리가 왕을 모시는 백성 자리로 내려섰기 때문이다. 당신에게 월급을 주는 사장님은 '선물'을 주는 게 아니라 당신이 노동한 결과물의 아주 일부만 당신에게 돌려주는 것이다. 사람들이 물질만능주의에 젖어 미친 것처럼 보이는 이유는 본래 탐욕스러워 그런 게 아니라 자본주의의 사회적 관계가 그렇게 만들기 때문이다. 고정되고 영원해 보이는 현실은 역사적 발생 과정의 산물이며, 역사의 흐름 속에 반드시 변해갈 것들이다(그래서 역사를 알아야 한다!). 이런 사고 태도는 주체적인 삶을 살기 위한 첫걸음이다.

둘째, 계급 의식을 가져야 한다. 신분 의식이 아닌 계급 의식이다. 신분 의식은 권력이나 재산에서 자기보다 높은 지위에 있는 사람에게 비굴하고 낮은 지위의 사람에게 오만을 떠는 봉건적인 의식이다. 내가 말하는 계급 의식이란 자기가 노동자라는 자각, 다른 노동자들에게 느끼는 연대 의식을 말한다. 자기는 세 들어 살면서 '명품 아파트 단지 건설'을 공약하는 후보를 찍는 삶, 자기도 비정규직 노동자면서 다른 노동자들의 파업을 다 짜고짜 욕하는 삶, 지배층의 이해관계가 제 머릿속에 '인셉션inception'(생각을 심음)된지도 모르는 삶을 살지 말자는 거다.

오늘날 전통적인 산업 프롤레타리아트를 기준으로 노동자 계급을 규정짓기는 어렵다. 노동자 안에 정규직, 계약직, 임시직, 하청 노동자, 파트타이머, 알바, 인턴, 프리랜서, 특수 고용직, 이주 노동자, 그림자 노동자, 취업 준비생들이 갈라져 있고, 이런 노동자들하고 긴장 관계에 있지만 자기 처지도 나을 것 없는 영세 상인과 프랜차이즈 소사장도 있다. 복잡한 관계가 눈을 가리더라도, 자본주의가 착취한 노동을 먹고 크는 한 계급 관계는 사라질 수 없다는 사실을 기억하자. 겉으로 드러난 현상 뒤에 감춰진 계급 관계를 보지 못하면 우리는 만인을 향한 만인의 투쟁으로 내몰릴 테고, 끝내 자기의 이해관계마저 잃게 된다. 게다가 더 끔찍한 건 '내 노력이 거둔 성취'라는 환상에 갇혀 내가 또 다른 노동 착취자가 될지 모른다는 사실이다. '정규직'이 되려고 도서관에서 공부하는 대학생들이 도서관에서 일하는 청소 노동자의 저임금을 당연하게 여기는 것처럼. 청소 노동자가 일주일만 일을 안 해도 도서관에서 쾌적하게 '내 노력'을 다 쏟을 수 없는데도 말이다.

셋째, 세상을 바꾸려면, 내 권리를 뺏기지 않으려면 행동하자. 마르크스는 인간이 주어진 운명대로 살아야 한다고, 착하게 살면 신의 축복이나 '좋은 사장님(또는 좋은 정치인)'을 만나 행복해진다고 말하지 않았다. 마르크스는 인간이 놓인 조건을 과학적으로 분석하는 동시에 인간이 그 조건을 넘어설 가능성도 제시했다. 바로 이 점이 마르크스와 다른 사상가들의 차이다. 마르크스는 말한다. 과학적인 인식과 능동적인 실천을 통일해 자기 운명을 만들어가라고. 체념으로, 냉소로 세상은 바뀌지 않는다. 용기를 내어 행동하고 단결하라!

여기 대학생 알바 노동자 동민(가명)의 얘기가 있다.[*] 고깃집에서 알바를 하다가 해고된 동민은 아르바이트노동조합(알바노조)을 만나 자기가 주휴수당과 야간수당을 떼먹힌 사실을 알았다. 성격이 조용한 편인 동민은 용기를 내 알바노조에 가입했고, 사장에게 단체 교섭을 시도했다. 사장은 '삼겹살에 소주 한잔'으로 해결할 문제에 끼어드는 '노조'를 무례하게 여겼다. 사장은 동민을 나무랐다. "니 친구인지 노조인지 하는 애는 이 얘기에서 빠졌으면 해. 개들이 나한테 이래라 저래라 얘기할 권리도 없고."

동민은 노조를 탈퇴하고 '삼겹살에 소주 한잔'으로 좋게 끝낼지, 단결권이라는 노동 기본권을 붙잡고 싸울지 고민했다. 선택은 노동 기본권이었고, 동민과 알바노조는 함께 떼인 알바 월급 돌려받기 투쟁에 나섰다. 노동부에 진정서를 보내고 기자 회견도 하고 '고깃집 앞 시위'라는 듣도 보도 못한 일도 벌였다. '알바 월급 구워 먹고 살림살이 좀 나아지셨습니까?' 같은 문구를 적은 피켓을 든 알바노조 조합원 10여 명을 마주친 사장은 처음에는 무시와 조롱으로 일관했다. 그러나 알바노조가 프랜차이즈 본사까지 찾아가 교섭을 시도하자 사장도 태도를 바꿨고, 결국 단체 교섭에 응했다.

동민은 당연히 체불 임금을 받았고, 사장은 앞으로 다른 알바 노동자를 고용할 때도 노동법을 지키고 뜨거운 불판을 바꾸다 화상을 입지 않게 장갑이나 응급 약품도 사놓기로 했다. 동민과 알바노조의 싸움 덕분에 많은 이들이 혜택을 누리게 됐다.

---

● 권문석 기획, 박정훈 지음, 《알바들의 유쾌한 반란》, 박종철출판사, 2014. 내용은 재구성했다.

대학생 알바 노동자 동민은 '삼겹살에 소주 한잔'의 뒷면에서 노동 기본권이 묵살되는 본질을 파악했고, 비슷한 처지의 동료들하고 계급적으로 단결했으며, 용기를 내어 행동해 자기 권리를 되찾았다.

세상은, 이런 이들 덕분에 조금씩 바뀌어간다.